新媒体运营管理

北京市海淀区文化发展促进中心
《新媒体运营管理》编纂委员会

张铮 主编

清华大学出版社
北 京

本书封面贴有清华大学出版社防伪标签，无标签者不得销售。

版权所有，侵权必究。举报：010-62782989，beiqinquan@tup.tsinghua.edu.cn。

图书在版编目（CIP）数据

新媒体运营管理 / 张铮主编 . -- 北京 : 清华大学出版社 , 2025. 1. -- ISBN 978-7-302-67651-5

Ⅰ. G206.2

中国国家版本馆 CIP 数据核字第 2024YY8176 号

责任编辑：张立红
封面设计：毛　木
版式设计：卓　雅
责任校对：卢　嫣
责任印制：杨　艳

出版发行：清华大学出版社
　　　　　网　　址：https://www.tup.com.cn，https://www.wqxuetang.com
　　　　　地　　址：北京清华大学学研大厦 A 座　　邮　　编：100084
　　　　　社 总 机：010-83470000　　邮　　购：010-62786544
　　　　　投稿与读者服务：010-62776969，c-service@tup.tsinghua.edu.cn
　　　　　质 量 反 馈：010-62772015，zhiliang@tup.tsinghua.edu.cn
印 装 者：涿州汇美亿浓印刷有限公司
经　　销：全国新华书店
开　　本：148mm×210mm　　印　　张：7.625　　字　　数：139 千字
版　　次：2025 年 3 月第 1 版　　印　　次：2025 年 3 月第 1 次印刷
定　　价：68.00 元

产品编号：103705-01

编委会

主 任：张 铮

委 员：丁 丁　于佩丽　王 薇　王国华　牛 力
　　　　刘 利　刘雪良　杨 帆　沈 阳　张金生
　　　　明梦苏　赵天奇　赵敏晔　曹劲松　蒋俏蕾

导　语

　　在这个信息爆炸的时代，新媒体以其独特的传播方式和影响力，已经成为我们生活中不可或缺的一部分。北京市海淀区文化发展促进中心，作为文化与科技融合的推动者，一直致力于探索新媒体在文化传播中的新路径。《新媒体运营管理》这本书，正是在这样的背景下应运而生。

　　本书的编写，是我们对新媒体运营管理知识的一次梳理和深入探讨。我们希望通过这本书，为广大公众和管理者提供一本全面、系统的新媒体运营管理指南。我们相信，新媒体不仅仅是一种传播工具，更是一种文化现象，它影响着我们的生活方式、思维方式和价值观念。

　　在这本书中，我们首先探讨了新媒体传播中的价值塑造与培育。我们认为，新媒体的传播不应该只是追求点击率和流量，更重要的是要传递先进思想，引导公众向善而行。我们通过分析新媒体传播的特点和规律，提出了一系列有效的价值塑造策略。

接着，我们深入探讨了短视频创作背后的策略。短视频作为一种新兴的传播形式，以其快速、直观、互动的特点，迅速赢得了广大用户的喜爱。我们分析了短视频创作中的乌龟、兔子和狼的比喻，探讨了如何从零开始，逐步实现内容的快速成长。

在商业 IP 打造方面，我们分享了如何从无到有，打造能够月销百万的商业 IP。我们认为，商业 IP 的打造不仅仅是一个创意的过程，更是一个系统工程，需要综合运用品牌、营销、技术等多种手段。

数字人和新技术的赋能，是新媒体传播的一个重要趋势。我们探讨了数字人和新技术如何为新媒体传播带来新的可能，如何通过这些新技术，提升传播的效果和体验。

深度粉销，是新媒体传播中的一个重要策略。我们介绍了如何通过深度粉销策略，以及精准的用户分析和个性化的内容推送，实现文化的广泛传播。

在文旅、文博领域，新媒体的应用也日益广泛。我们以三山五园的创新运营为例，探讨了新媒体在文旅、文博领域的应用，如何通过新媒体，提升文旅、文博的吸引力和影响力。

最后，我们深入剖析了 AI 和元宇宙技术在推动产业革新中的关键作用。当下 ChatGPT、DeepSeek、Grok 3 等大模型相继出现，这些前沿技术与不同行业融合，从提高生产效率到创造全新的商业模式，AI和元宇宙正在重塑企业的运营环境，更是为新媒体运营带来变革。

本书的成书过程，是北京市海淀区文化发展促进中心精心策划的成果。我们邀请了来自不同领域的专家讲师，他们通过讲座的形式，分享了新媒体运营管理的前沿知识和实践经验，为公众提供了宝贵的学习机会。我们将这些讲座的成果浓缩成了这本书。

我们相信，《新媒体运营管理》的出版，将为广大读者提供一本实用、系统的新媒体运营管理指南。我们希望通过这本书，能够帮助读者更好地理解新媒体的运作机制，掌握有效的运营管理方法，从而在新媒体时代中把握机遇，实现价值最大化，实现个人和组织的价值提升。同时，我们也期待读者的反馈和建议，以便我们不断改进和更新内容，使之更加贴合时代的发展。

感谢所有参与本书编写的专家和工作人员的辛勤付出。让我们一起在新媒体的海洋中，乘风破浪，共创辉煌。

张铮

清华大学新闻与传播学院副院长、长聘教授、博士生导师

2025年2月20日

目 录

| **第一章**

万物皆媒，向善而行——新媒体传播中的

价值塑造与培育　　　　　　　　　001

　　数字化生存　　　　　　　　　004

　　何为媒介　　　　　　　　　　008

　　生活在媒介环境中　　　　　　017

　　培育媒介素养　　　　　　　　022

　　向善而行的挑战　　　　　　　028

　　让媒介成为向善的起点　　　　038

| **第二章**

从零到一到无穷：短视频创作背后的乌龟、

兔子和狼　　　　　　　　　　　045

　　创作者的龟兔赛跑　　　　　　049

　　狼型创作者　　　　　　　　　056

　　i 时代的新媒体　　　　　　　062

　　新媒介的降维打击　　　　　　066

　　如何做好短视频　　　　　　　069

　　从乌龟到兔子再到狼　　　　　076

第三章

如何从 0 到 1 打造月销百万的商业 IP 典范 ... 079

当优势成为负担 ... 082

新媒体运营策略 ... 084

解决两秒跳出率 ... 087

找到爆款,并重复它 ... 090

流量密码——真实感 ... 094

IP 打造示例 ... 100

总结 ... 103

第四章

数字人和新技术如何赋能新传播 ... 105

元宇宙与数字人 ... 108

创建数字人 ... 111

让数字人动起来 ... 114

其他技术介绍 ... 122

未来可期的虚拟制作 ... 129

第五章

如何用深度粉销助力文化传播　133

现象级传播的底层逻辑　136

互联网时代的传播引爆　141

粉丝营销黄金法则　144

马上就能学的新媒体玩法　149

我们永远需要长期主义　151

第六章

如何助力文旅、文博场景开展新媒体传播：三山五园创新运营对数字经济发展的启示　155

用历史与世界的眼光认知文化遗产　158

重新审视文化产业　164

保护文化遗产　170

供给与需求模式创新　174

新技术催生新的商业逻辑　176

数字经济改变人类社会　181

发展数字经济意义巨大　186

以数字化赋能产业　191

第七章

AI 与元宇宙如何赋能产业升级　　197

无尽探索，灵智突破　　200

AI 的无限可能　　205

元宇宙：基本板块，不同发展　　210

当 AI 与产业结合　　215

身处不确定性时代　　221

媒体的未来　　226

第一章

万物皆媒，向善而行——
新媒体传播中的价值塑造与培育

  在当今数字化时代，媒介已经深深嵌入我们的日常生活，就像水和电一样，成为不可或缺的基础设施。

  文章回顾了二十多年来中国互联网的巨大发展，以及媒介对人们生活方式的深刻影响。通过探讨媒介作为基础设施的特征，作者阐释了媒介、信息和传播三者之间的密切关系，以及它们在个人、社会和国家层面的重要作用。

  本文将带你重新审视媒介的魅力与影响力：它不仅是信息传递的桥梁，更是推动社会进步的催化剂，当然它也可能引发算法黑箱、网络暴力、信息茧房等问题。生活在媒介中，每一个人都需要提高媒介素养，并思考如何利用媒介实现向善而行。

■ 新媒体运营管理

蒋俏蕾

- 清华大学新闻与传播学院长聘副教授、博士生导师，智媒研究中心副主任。
- 现任 SSCI 期刊《社会中的技术》*Technology in Society* 副主编。
- 曾获第九届高等学校科学研究优秀成果奖（人文社会科学）青年成果奖、北京市第十六届哲学社会科学优秀成果奖、国际媒介与传播研究学会席勒奖等，入选国家万人计划青年拔尖人才。

第一章
万物皆媒，向善而行——新媒体传播中的价值塑造与培育

在进入主题之前，我想邀请大家参与一个有趣的竞拍活动。竞拍内容是：你愿意接受多少钱来放弃使用微信一年？规则很简单：出价最低者胜出，但其实际获得的金额是第二低出价者的金额。

举个例子，如果最低出价是 1 元，第二低是 100 元，那么出价 1 元的人竞拍成功，并获得 100 元。你可以邀请身边的伙伴一起来一场竞拍。

那么，你愿意出价多少呢？有人可能认为这是无价的，那他就退出竞拍了；有人可能出价 1 亿元，那这就成了最高价；有人可能出价 1 元，那这可能就成了最低价……

实际上，这个活动旨在让我们思考：对我们而言，微信的价值究竟有多大？我们平时可能很少用金钱来衡量微信在生活中的意义。

这个话题并非凭空想象，而是源自一项真实研究。不过，研究对象不是微信，而是 Facebook（现改名为 Meta）。这是 2018 年在美国进行的一项研究，目的是探索社交媒体在人们心中的价值和对生活的意义。让我们看看当时美国人的报价。研究涉及三组群体：学生、普通社区民众和网上招募的被试。他们报出的平均补偿金额分别为 2076 美元、1139 美元和 1921 美元，这些金额代表他们愿意接受多少钱来放弃使用 Facebook 一年。

经历了全球新冠疫情三年多，情况已大不相同，特别是 Facebook 与微信的差异更加明显。疫情期间，人们不得不通过线上渠道和社交媒体完成许多事务，这使得疫情前后的生活方式发生了巨大变化。而

微信被《纽约时报》誉为"瑞士军刀般多功能"的应用,远非仅是一个社交媒体平台。它集即时通信、小程序、公众号和移动支付等功能于一体,几乎可以满足用户的所有需求,是一个重要入口。如果要在中国进行竞拍活动,很多人就会特别纠结:"怎么可能一年不用微信?你给我1亿元,我都还要想一想。不用微信,我可能就失业了。"他们报出的竞拍价肯定会比美国的研究结果高得多。这个例子说明什么呢?就是当下我们谈论媒体,已经与多年前大不相同了。

数字化生存

在清华新闻传播学院,许多学生报考时会问:"新闻我们懂,就是记者、编辑、采访。但传播是什么?传播的是什么?"随着社会的发展,"传播"似乎更让人困惑。大家常问:"传播是什么?传媒与新闻有何区别?"很多人不理解。因为如今的新闻传播,已与报纸、广播电视等传统媒体大不相同。

我们现在经常提到,媒介正在成为基础设施。基础设施理论中有一说法:基础设施正常运作时,你意识不到它的存在,如电、水;只有当它出故障时,你才意识到自己在生活的许多方面都依赖它。

举个简单例子,现在很难想象如果不带手机出门或突然无法上网会怎样。因为你已习惯它存在、默认它实时提供服务,一旦它出现故障,就会发现它影响你生活、工作、学习、人际交往的方方面面。

第一章
万物皆媒，向善而行——新媒体传播中的价值塑造与培育

有了这样的新媒体作为基础设施，我们的生活就是"数字化生存"或"媒介化社会"。"数字化生存"概念来自尼葛洛庞帝的同名经典著作。实际上，围绕"数字化生存"也有过真实的社会实验，前后对比呈现了随着网络普及，人们生活的数字化程度大不相同。下图是一份略微显旧的报纸，它记录了1999年央视和多家电视台联合举办的一个现实社会实验——"网络生存测试"。

1999年"72小时网络生存测试"

这项实验旨在探究人们是否能仅靠网络生存。参与者被安置在一间只有联网电脑（当时还是拨号上网）的宾馆房间里。房间内除了光板床外，别无他物——没有食物、饮水，也没有被褥枕头。挑战是在72小时内，仅通过上网满足基本生活需求。你能坚持下来吗？

许多志愿者参与了这项活动，但大多数中途退出。最终还是有人能坚持到底，是因为一家商家提供了专门的在线点餐链接。在那个年代，还没有现在这样便捷的外卖、电商和物流服务。因此，1999年的"网

络生存"被认为如同荒岛求生般艰难。

为呼应这次网络生存测试,多年后的2016年,上海开展了一次"72小时无网络生存测试"——即三天完全不使用网络。你能坚持吗?这个测试同样吸引了众多志愿者参与。结果表明,虽然志愿者能够在测试中存活,但其生活质量会显著下降。

很多人可能认为三天不上网并非难事。然而,当你真正体验这三天时,才会意识到:原来我们如此依赖网络。依赖网络只需动动手指就能解决的问题,现在可能需要我们跑很远,耗费大量时间来完成。甚至因为习惯了移动支付,许多人平时不随身携带现金,一旦需要用现金就会遇到麻烦。

通过对比这两次实验,我们发现:随着网络普及程度的提高,我们的生活已经高度媒介化。以互联网为代表的新媒体渗透我们生活的程度,可能远超我们平时的认知。

2016年"72小时无网络生存测试"

第一章
万物皆媒，向善而行——新媒体传播中的价值塑造与培育

这两次网络测试的背后，实际反映了我国互联网的巨大发展。根据《中国互联网络发展状况统计报告》，1999 年"72 小时网络生存测试"时，网民规模仅为 890 万，互联网普及率 0.7%。当时，人们主要通过拨号上网或使用特殊的信息家电。上网是少数人的选择，网上服务和内容也不丰富便利。到 2016 年底，情况发生了巨大变化。网民规模达到 7.31 亿，互联网普及率已超过 50%，过半中国人成为网民，网民中有 95.1% 通过手机上网。网络提供的娱乐、内容、信息和服务变得丰富多样。

这两次测试的对比也凸显了"网生代"或"数字原住民"的崛起。这群 1999 年或 2000 年后出生的"Z 世代"，与网络新媒体相伴成长。对他们来说，网络新媒体是生活环境的自然组成部分，他们从未经历过无网络、无智能手机、无联网电脑的时代。这不仅是两个时间点的纵向比较，更反映了不同代际在网络发展阶段的成长差异。年轻群体感受到的新媒体影响与作用，可能与"数字移民"甚至"数字难民"的老年人截然不同，两个群体的媒介思维也大相径庭。

根据中国互联网络信息中心的最新数据，当前互联网普及率已达 75.6%。这意味着，除了年龄特别小、特别大，或因特殊原因无法接入网络的人外，绝大多数人都是网民。而在网民中，几乎人人都通过手机移动端上网。如果过两三年再进行一次网络生存测试，情况可能会

更加不同。

作为背景，我想让大家重新思考媒介的定义，以及媒介上发生的传播究竟是什么。媒介不仅仅是新闻编辑、报纸、广播和电视，更多的是像智能手机这样我们日常生活中使用的媒介形态。我们在网上进行的许多活动，虽然可能不被认为是传统狭义的媒体传播，但实际上都涉及了媒体技术，嵌入了媒体逻辑，也是不同类型的传播。我想与大家分享三个核心问题：

第一，当今我们所说的媒介究竟是什么？如何理解媒介？它对每个人的当前意义是什么？

第二，如何"以媒为酶"实现向善而行？这里的"酶"指的是催化剂。传播学相较于人文学科和社会科学，是一个发展历史较短、较为年轻的学科。特别是近年来，随着媒体技术的快速发展和迅猛迭代，其活力愈发明显。媒体已成为一个催化剂，在各个领域和学科发挥作用，同时将许多看似不相关的内容融合在一起。

第三，在认识了媒体的本质及其对我们的意义后，我们能否将媒介作为抓手或催化剂，去盘活、融合生活中的方方面面，并朝着我们心中理想的生活方式前进？

何为媒介

让我们逐一探讨这些问题。首先，媒介的本质是什么？我们该如何理解它？我想从传播学的视角来分享。对传播学而言，理解当今的媒介就是认识到它已逐渐发展成为一种基础设施。它不仅承载了我们熟悉的舆论宣传、信息传播和娱乐等功能，还包括了人们日常生活中参与和进行的几乎所有活动。因此，现今的媒介不仅是我们生活环境的一部分，它本身就构成了我们所处的一个至关重要的环境。例如，最近几年的媒介关键词包括AI、元宇宙等，这反映了我们对一个完全媒介化生活环境的畅想。

那么，如何理解媒介呢？媒介与另外两个重要概念——信息和传播——是密切相关的。谈及媒介时，我们不可避免地会涉及信息和传播。媒介居中，其作用在于：只有当有价值的内容通过媒介传播，它才能成为信息。

举个例子，一件非常重要的事，但只有你知道，那不是信息，而是一个秘密。只有当你利用这个信息帮助他人完成任务，通过某种方式将信息告知他人，它才成为真正的信息。当今社会的一个显著特征是信息不对称，而信息正是通过媒介这一中介传播开来的。

因此，信息的传播离不开媒介作为中介，传播过程中需要实体的存在，而传播的内容是信息。这三个概念的关系如此紧密，以至于谈论其中任何一个都不可避免地会涉及另外两个。换言之，信息需要通过媒介实现传播才能体现其价值，传播必须有信息作为内容，而这个过程需要通过媒介这一中介或渠道来完成。

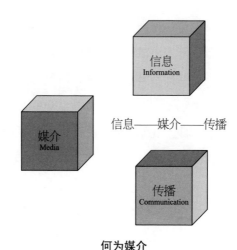

何为媒介

从传播学的角度理解媒介,或者说理解媒介如何促成信息的传播,我们可以得出一些核心共识。

传播学这门学科源于人们意识到报纸、广播、电视在社会中发挥的突出作用,这些媒介对舆论引导和广告宣传有重要影响。然而,传播行为早于传播学而存在。自人类诞生以来,我们就通过言语和其他方式与他人沟通。人们借此让他人了解自己,建立关系,形成身份认同,组成不同的社会群体。

因此,在传播学出现之前,传播现象已然存在,只是被划归到不同学科中研究。例如:文学关注传播中的内容叙述;历史研究探讨传播现象留存的案例;哲学探讨传播的逻辑和原理;社会学和人类学则从不同视角思考传播实现的人类现象。直到媒介研究兴起,传播学才

第一章
万物皆媒，向善而行——新媒体传播中的价值塑造与培育

作为独立学科诞生。人们逐渐发现媒体是一股独立于其他机构、能发挥巨大作用的力量。在国内，我们谈论舆论监督；在国外，媒体被称为继立法、司法、行政之外的"第四权力"，记者被誉为"无冕之王"。自传统媒体出现以来，学界、业界和普通人都越发认识到媒体在信息生产和传播中的重要作用。无论是战时宣传，还是日常舆论引导，媒体都扮演着关键角色。它影响着国内民众心态、国际关系，以及人们的日常生活、休闲娱乐和对新闻的获取。

因此，正是媒体的出现催生了专门系统研究传播现象的学科。从个人角度看，传播是基本行为和能力；从社会形成角度看，个人通过传播找到身份，形成关联，构建家庭、群体和组织。媒体传播使政策得以上传下达，形成各种社会机制。传播不仅是社会形成的基本手段，还能完成社会生产和实现消费。

现今，传媒产业蓬勃发展，创造巨大营收，生产多样化的内容形态。我们通过付费或看似免费的方式（如通过广告间接实现收益）消费媒介内容。因此，无论是个人层面、群体层面，还是社会、国家乃至国际层面，传播无处不在、无时不在。随着媒介日益成为基础设施，传播的存在更加普遍。

结合 AI，传播研究有了新的拓展。以往我们谈论传播时，默认指人类传播，很少将动物间或其他主体间的信息交换视为传播，机器间的信息传输则称为"通信"。但随着 AI 的出现，人们开始思考传播的

主体是否不仅限于人类，还包括 AI 这样的非人主体。我们如何与非人主体协同工作？未来，AI 可能承担多种职业、内容生产和社会角色。我们过去在人类社会中遵循的传播原理，是否仍适用于这个更广阔的领域？这是传播学面临的新课题。

从传播学的视角来看，媒介是什么？媒介是传播不可或缺的环节。传播是信息互动的过程，人与人、人与社会之间通过媒介和有意义的符号进行社会互动，信息的传递是这种互动的结果。信息是传播的客体，是传播过程中的具体内容。媒介则是信息传播的中介，是一种载体、工具或渠道。媒介对传播至关重要，因为人离不开传播，传播离不开媒介。

在日常话语中，媒介有多种表述，在传播学研究中它们各有含义和边界。让我们来探讨它们之间的区别与联系。

- 首先，媒介（medium）指信息传播的载体和介质，主要作用于个人层面。例如，你的智能手机就是一个常用媒介。
- 其次，媒体（media）是多个媒介集合构成的系统，至少包括两种或更多种媒介。比如，我们观看短视频时，声音和图像这些不同媒介组合起来发挥作用，形成特定的机构或组织。媒体多用于社会层面，如主流报纸、电视台、广播台等专业媒体机构。现在的互联网平台也承担着媒体功能。
- 再次，传媒产业（media industry）指由多个传媒企业和机构构成

第一章
万物皆媒，向善而行——新媒体传播中的价值塑造与培育

的产业集群，通常按行业或区域划分为不同板块。

- 最后，传媒系统（media system）是一个更综合性的概念，包括不同形态和功能的媒介设备、媒体组织、内容制作和存储机构等，是多种媒介形态、媒体业态以及社会信息系统乃至全球网络系统互联互动的大系统。

由此可见，媒介涉及微观、中观和宏观三个层面。我国强调全媒体融合，不同机构都在打造自己的媒体矩阵，目标是让传媒从微观到宏观各个层面发挥作用，建立可靠的基础。

传媒具有双重属性：一方面是社会公器，可进行舆论监督，提供基本信息；另一方面是产业经济，可创造价值和效益。传媒帮助人们开展认知，拓宽视野。传播学中有一句名言："媒介是人的延伸。"人类有五官感知周围事物，而媒介让我们能看得更远，听得更多，延伸了我们的感官。通过媒介，人们可以认识到超越自身经历的更多信息，也可监测周围环境的变化。传媒还具有社会功能，我们将其比作社会的神经系统。

现代传媒与信息技术高度结合，与信息社会深度融合。它提供各种信息服务，引导舆论，进行社会协调，这是传媒在社会层面发挥的重要作用。传媒还具有政治功能，可形成社会的影响力、向心力、离心力和沟通协调力。因此，在国际上不同的社会背景下，传媒的正面或负面作用都十分显著。

除社会功能外，传媒还有经济功能。无论是传统媒体机构还是现代媒介平台，都会生产不同的媒介产品，通过直接或间接方式实现商业收益。此外，通过广告，它们还会对其他行业产生经济影响，对这些行业的发展起到积极的催化作用。

我们可以用一个图来可视化呈现媒介能够承载的传播内容。从微观的人际到中观的群体、大众，再到宏观的国际和全球层面，媒介都能发挥作用。它将不同维度连接起来，在媒介上呈现不同类型的信息，包括公共性质的新闻、个性化的娱乐和影视，以及商业属性的广告。这些内容通过不同的媒介方式传播，既包括传统的报纸、广播电视，也包括以网络为代表的新媒体。

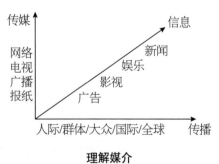

理解媒介

理解媒介后，我们就能发现当下传播环境变得如此广阔的原因。主要是因为媒介发生了变化，现在的许多媒介都是新媒体。新媒体与传统媒体有明显区别，可以用下图来对比。

第一章
万物皆媒,向善而行——新媒体传播中的价值塑造与培育

传统媒体　　　　　新媒体

媒体比较

传统媒体,如报纸、广播、电视等典型形态,每种媒体背后都有专业的团队和机构,例如报纸背后是报社,电视和广播背后是电视台和广播台。而新媒体,它就像一棵树,虽有共同的根干,但具体形态千差万别。你可能想到的新媒体是公众号,别人可能想到抖音,还有人可能想到小红书等。它们看似不同,但都属于同一个大家族,与传统媒体有很大区别。新媒体的清单,不仅很长,而且还在不断增加。

在新媒体大家庭中,有些形态已相对传统化,有些则非常新兴,但它们都属于新媒体范畴。

例如:较为传统的有门户网站和搜索引擎;虚拟社区如百度贴吧;曾风靡高校的网络论坛 BBS;日常使用的电子邮件、在线聊天室和即时通信软件等;博客曾经大受欢迎,如徐静蕾被誉为"博客女王";微博最初由姚晨等明星推动,现已成为网络舆论的风向标之一;此外还有视频、播客、维基百科和百度百科等知识生产平台,以及网络游戏。

在传统媒体的基础上,出现了网络杂志、网络广播和网络电视等形式。移动设备和新媒体技术的融合催生了手机报、手机出版、手机电视、手机广播、手机游戏,以及数字电视、IPTV、移动电视和楼宇电视等。

当前,社交网络、移动短视频和各类智能手机应用广为人知。新兴技术如虚拟现实(VR)、增强现实(AR)和深度伪造也逐渐兴起。例如,2019年短暂走红的"ZAO"应用,后因隐私等问题逐渐淡出。智能音箱(如小爱同学、天猫精灵)、物联网、元宇宙和AI等技术也不断涌现。

新媒体的范畴持续扩展,似乎永无止境。尽管这些媒体形态各异,为何它们仍属于同一个大家庭呢?

"新媒体"这个概念已经存在多年,以至于有些传播学学者称它为"旧概念"。实际上,新媒体本身是一个相对概念,是相对于传统媒体而言的。在传播学研究中,早期的许多理论都基于报纸、广播、电视的研究,但后来发现新媒体与这些传统媒体有很大不同。

新媒体的"新"体现在两个方面:

1. 时间上:比传统媒体发展得晚。例如,门户网站虽然现在看起来不那么新了,但相对于传统媒体仍然是新的。

2. 技术上:采用数字技术、网络技术、移动互联网、无线通信、卫星等作为技术渠道,通过电脑、手机、数字电视等终端提供信息和娱乐服务。

尽管如此，新媒体仍然是"媒体"，其核心功能与传统媒体相同，都是提供信息、服务和传播，它的"新"是相对于传统媒体而言的，体现在技术上和终端上。这就解释了为什么如此多形态各异的媒介可以归为一类，以及为什么它们与报纸、广播、电视形成对比。简而言之，我们所说的新媒体是数字化的新媒体。

与传统媒体相比，新媒体有显著特点。传统媒体工作需要专业学习和训练，如新闻传播专业的设立就是为了培养记者和编辑。传统媒体的内容由专业人士生产，有明确的机构和行业界限。而新媒体的内容不仅可以由专业人士生产，也可以由普通用户创作。网红、主播、UP主等都是用户生成内容（UGC）的代表。他们可能不遵循专业人士的原则，也没有固定的行业界限。任何职业的人都可以在新媒体上生产内容，成为内容创作者。因此，新媒体不仅因为数字化而与传统媒体不同，更重要的是它打破了传统媒体原有的逻辑。这就是我们区分新媒体和传统媒体，并从传播角度理解媒介（特别是新媒体）的原因。

生活在媒介环境中

新媒体给我们带来了怎样的影响？其中之一就是"万物皆媒"——这不仅仅是一句口号，更是一个社会现实。我们如今生活在一个媒介生态环境中，我们的诸多行为都带有媒介的印记或受到媒介的影响。这一视角源于传播学的一个分支——媒介生态学。

媒介生态学是对信息环境的研究，用生态科学的理念与方法对媒介进行系统分析，研究媒介运行的规律。它认为，我们所处的媒介环境不再是一个界限分明的机构，而是一个无处不在的环境。我们沉浸其中，与之不断互动。因此，我们不应将媒介视为外部的、独立的事物，而应将其视为我们生存的环境。媒介环境如同自然环境，都是庞大的系统。它每天提供的信息对人们而言至关重要，就像基础设施提供的生活必需品一样。人们对信息的需求，就如同对空气、水等自然资源的需求一样不可或缺。因此，媒介在人们生活中扮演着重要角色，与我们的生活密不可分，我们与这个环境相互影响、相互改变。

从媒介生态学的角度，我们以新的方式看待媒介，尤其是新媒体。如果媒介是我们生存的环境，它如何影响我们？它的逻辑如何渗透到我们生活的各个方面？媒介生态学研究这些问题，从微观层面的人类心理活动到宏观层面的社会组织，都可能因媒介的使用而发生变化。这意味着传统的社会学理论可能需要重新思考和重构，因为新的媒介技术极大地影响了我们在信息交流过程中的形式、数量、速度、质量和方向。当我们接受这些信息时，我们也会受到信息中所包含的文化和价值观念的影响。因此，媒介生态学假定人们的心理和社会组织在很大程度上是一种文化独特的信息模式的产物，并关注交流的技术和

第一章
万物皆媒，向善而行——新媒体传播中的价值塑造与培育

技巧如何控制了信息的形式、数量、速度、分类以及方向，以及这样的信息构造或者偏见如何影响了人们的观点、价值和态度。它提出，基于媒介的传播过程实际上是一个循环。它由多个相互关联的环节构成，每个环节都受到媒介逻辑的影响。

这个过程在传播学研究中被称为"文化循环"。任何文化现象都可以在这个循环过程中被审视，它没有固定的起点和终点，因为它是一个闭环。通常，我们从表征开始，媒介为我们认识事物提供某种表达和呈现的方式。

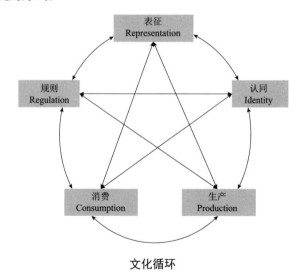

文化循环

我们现在所见的许多事物都是通过媒介呈现的。在传统媒体时代，学者就提出了"媒介环境"的概念。这意味着我们不可能亲身经历所

有大事小情，我们的认知和掌握的信息都来自媒体。因此，媒体呈现什么，以何种方式呈现，都会影响我们如何看待这个世界。首先，各种信息在媒介环境中有一个表征，即它们的呈现方式。这种呈现方式会影响我们的身份认同和思考方式，进而影响内容如何被生产和消费。在这些生产、消费、表征、认同的过程中，还需要一些规范和治理。这五个元素相互关联，都内嵌了媒介逻辑。因此，我们需要理解这个逻辑，并将媒介视为环境。

近年来，一个源自生态环境心理学的概念——"可供性"，成为传播研究中的重要理论视角，有助于理解媒介环境如何发挥作用。这个概念虽然在1979年就被詹姆斯·吉布森提出，但在传统媒体时代并未引起传播学者的重视，因为当时的报纸、广播、电视难以被理解为环境，它们只是社会的一部分。然而，随着互联网和社交媒体的出现，这个概念开始受到传播学的关注，因为媒介确实已经成为了环境，人们可以用理解环境的理论概念来理解人和媒介的关系。

媒介可供性的核心逻辑是思考媒介的出现为人们带来了哪些活动的可能性。这意味着我们需要在特定语境下考察媒介，因为它受政治、经济和文化制度的制约。在中国语境下讨论媒介，必然与在西方或其他社会语境下讨论媒介有所不同。

在这个背景下，人们基于自身需求和目标，利用媒介提供的特征、技术和能力，创造出各种活动的可能性。这种逻辑揭示了人与媒介之间的关系。

人开展活动的可能性并非完全由媒介决定,还与人对媒介的认知以及人自身的能动性密切相关。然而,媒介确实发挥了重要作用,因为新技术提供了更多信息和方法,拓展了人们的选择空间。因此,媒介和人之间是互动的,而非单向影响。媒介如同基础设施,构成了我们的生存环境。

我们需要关注新媒体技术及其应用。有些应用是媒介最初设计的,有些则是人们基于自身认知的创造性发明。

可供性意味着媒介虽不能完全决定人的行为和思维,但具有重大影响力。同时,人在这个过程中也展现出强大的能动性。因此,媒介的功能可能是正面的,也可能是负面的——它是把双刃剑。将新媒体技术应用到某个场景并不必然产生良好效果,还需要适当地把握和控制。此外,媒介产生的功能可能是有意识的,也可能是无意识的。例如,某些媒体技术最初设计用途可能有限,但经过公众的感知和策略性使用,可能会产生一些始料未及的新功能。

让我们用一个简单的例子来说明。许多现代平台最初只提供互动功能,如发布视频和直播,并未考虑将其发展为数字经济形态。随着直播带来的流量效应,用户对直播中的产品产生了兴趣和需求,形成了新的经济模式。人们开始专门为这种模式开展活动,将其视为新的经济形态。随之,平台也将这种形态整合到媒介设计中。

这样的过程可能产生短期和长期效果，而且这些效果并非总是一致的，甚至可能相互冲突。新媒体技术为某些群体带来机遇和赋能，同时也可能对其他群体造成限制。由于这是一个关系性过程，其发展方向和影响的正负面都是不确定的。在这个过程中，人的感知和能动性变得尤为重要。

培育媒介素养

回到我们要回答的三个问题，我们已经完成了第一个：从传播学角度理解媒介的本质。在当今"万物皆媒"的时代背景下，网络等新媒体使媒介成为基础设施和环境。几乎所有数字化、智能化的技术和手段都可被视为媒介。在这个过程中，人们的行为活动、国家的政策实施和沟通都需要通过媒介来实现。因此，在这个数字化生存或媒介化社会的时代，我们需要探讨：媒介如何发挥其基础设施功能。

我们可以通过可供性的视角来理解人和媒介的关系。媒介会将其逻辑内嵌到我们的活动中，但这种逻辑并非决定性的——人是有能动性的。我们必须承认，媒介比以往拥有更强大的塑造力。那么，我们要回答第二个问题：既然我们了解了什么是媒介，理解媒介对当前有什么意义？意义在于，我们获得了各种手段来培育素养和引领价值观，"以媒为酶"，向善而行。

第一章
万物皆媒，向善而行——新媒体传播中的价值塑造与培育

我们的许多活动都可能内嵌了一些文化和价值的意涵，会受到媒介的影响。因此，媒介素养在当下，尤其是在新媒体出现后，成为了一个极其重要的概念。简而言之，媒介素养是在各种情境中使用、分析、评价和创作媒介内容的能力。这看似简单，因为媒介素养的概念在媒介出现时就被提出了。早期更多关注年轻群体，比如是否要在儿童教育系统中引入媒介课程。我们小时候可能也上过电脑课，学习一些操作和应用，但那只是传统媒体早期对素养概念的理解，将其视为一种知识和技能。如今，我们生活在一个媒介化的时代，除了如何使用媒介，我们还需要了解媒介如何发挥作用。特别是现在还出现了 AI 等智能化媒介。因此，当代的媒介素养变得更加复杂和多面，而且不再是一次性的学习过程——不是孩子学会了就算完成了任务。由于媒介在不断演变，我们的素养也需要持续适应媒介的发展。各个年龄段、各种职业的人，都需要具备媒介素养。

以前人们可能会说："我又不在媒体工作，我不需要具备媒介素养。"但现在，即使是普通人，你也要在网上识别假消息。比如针对老年人的健康养生类信息、电信诈骗、新冠疫情背景下的虚假消息，以及引发舆论撕裂的争议问题等。每个人都会面临各种媒介问题，都需要提升自己的素养。这不仅关系到个人发展，也关系到生活质量和社会稳定。因此，在全媒体时代，媒介素养是关乎全民的。

如今谈及媒介素养，我们面对的是一幅复杂的图景。它涵盖了

对基本功能的使用能力，也包括高级的判断能力。与此同时，我们的角色也发生了变化。以前作为普通受众，你只需要看电视、读报纸、听广播等被动消费内容。现在不同了，以微信为例，你不仅在消费内容，也在生产内容。发朋友圈、转发短视频、随手拍摄上传——你已经成为了内容的生产者和传播者。因此，媒介素养除了包括如何使用之外，还要包括如何生产，为自己的内容负责。我们需要考虑：这内容安全吗？会不会泄露隐私？未来可能存在什么风险？这就需要具备创作素养。

在功能和批判两个层面，消费和创作两个方面的交叉之下，我们可以划分出四个象限，代表了素养从低到高的不同类型。

1. 功能性消费：是最基本的，你要知道如何使用媒介，理解内容的含义；

2. 功能性创作：除了消费，你也开始创作内容。如何发布？什么可以发？什么不该发？例如，为什么要在微信朋友圈选择可见天数或全公开等。解决这些新问题需要相应的新素养；

3. 批判性消费：在功能层面之上，还要具备批判能力，分析媒介上的信息；

4. 批判性创作：如何参与网上活动，避免产生负面社会影响（如网络暴力、侵犯隐私等）。如何甄别该活动，如何发挥创意生产更多内容。

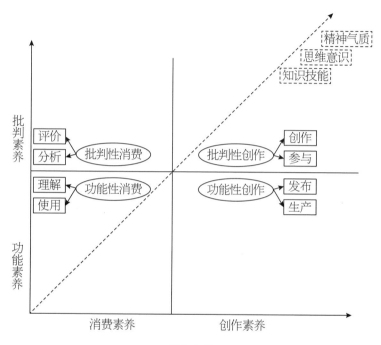

媒介素养

在传统媒体时代,信息有明确的负责人。记者采访、署名、报道,即使出错也会纠正、澄清,有机构负责。而现在,网上的信息未必来自权威,也难以追溯责任。作为媒介使用者,你需要分析信息与自己的相关性,评估其可靠性。

许多老年人常在家庭微信群里转发不实的养生信息而不自知。为什么会这样?因为他们仍用传统媒体时代的素养来理解新媒体时代的内容。他们可能会说"百度就是这么说的"或"网上有专家这么说"。

但实际上,网络不同于传统媒体,它是一个开放的、人人可发布信息的平台。上面的内容与专业媒体生产的内容不同,不一定准确或权威。你需要建立自己的判断和生产机制。因此,批判性消费是更高层次的素养。

除了批判性消费使用,还有批判性生产。近年来,许多线上活动引发负面社会影响,比如网络暴力、对隐私的侵害等。如何甄别这些活动?如何发挥创意生产更多内容?特别是在AI等智能化媒介出现后,关键不在于有没有答案,而在于会不会提问。因为只要有问题就会有答案,关键在于如何体现人的创造力。当重复性、模式化的内容可以通过AI生成时,人的创造性在哪里?如何体现不被AI替代的创新点?这些都是媒介素养中的新内容。

由此可见,媒介素养不是可以速成的技能,而是一个动态的、包括思维意识在内的,甚至可能影响精神气质的东西。获得素养需要终身学习。随着媒介不断迭代发展,对相应的素养的学习也要与时俱进。在数字化和智能时代,媒介素养的例子比比皆是。以李子柒为例,她曾创造了跨文化输出的现象级效应,复出之后依然能获得极大的热度。我们从未想过一个民间网红能成为YouTube平台上中文频道最多订阅的吉尼斯世界纪录保持者。这在过去难以想象,但新媒体平台让她能用个人账号创作美食、古风内容,同时成为跨文化交流者,让海外用

第一章
万物皆媒，向善而行——新媒体传播中的价值塑造与培育

户通过她了解中国文化。

因此，传统时代你可以专注于做好自己的事，但现在你不仅要做好自己的事，还要意识到你的内容可能传播到国际层面。这既需要传统素养，也需要新素养，比如如何甄别平台情况，如何持续创作，如何把握个人行为对国家和文化的潜在影响等。

李子柒的影响力有多大？截至 2024 年 11 月，她在 YouTube 上的订阅用户已超过 2050 万，相比之下，BBC 只有 1450 万。现在你还认为个人影响力微不足道吗？新媒体技术的出现使得个人的影响力和覆盖范围可以媲美专业媒体机构。因此，每个人在完成个人行为的同时，有时可能不经意间就需要承担起重大责任。

李子柒的例子启发了一些专业媒体机构。国际台就有一个针对以色列的希伯来语海外传播节目，其口号是"官方打造网红"。这是因为传统媒体对外传播更擅长宏大叙事，精良的宣传片即使再好看，观众看过一两次后可能就不再关注了。而人们在社交媒体上关注一个账号，就像交了一个朋友，会不断回访。

李子柒今天发做包子的视频，明天发做饺子的视频，内容差异可能很小，但人们会感觉她有更新和变化。这种关注就像朋友间的社交方式。建立联系后，你会时常查看她的新动态，这种联系可以通过细微的内容更新来维系。相比之下，宏大叙事可能某次影响很大，但难以与后续内容建立关联。

国际台希望通过"官方打造网红",让专业记者以个人名义、个人视角展示国家形象。例如,他们在折叠屏出现前就采访了京东方,用专业设备拍摄短视频,但为了获得真实感,会模仿网红用手机拍摄的视角和自然晃动效果,让观众感觉在看个人经历。他们推出的记者奚啸琪在以色列成为网红,有人专程从以色列飞到北京来见他。特拉维夫甚至选他作为城市形象大使,邀请这位中国人上当地电视台,在新冠疫情期间连线介绍中国情况。这种持续更新内容的真实个体,能吸引持续关注,打破了传统外宣和形象展示的方式。

另一些新数字智能时代媒介素养的体现,可以从《那年那兔那些事儿》的卡通形象中看到。"00后""10后"或"Z世代"的年轻人更愿意用这种熟悉的卡通方式理解严肃题材,这两者并不冲突。

过去我们认为严肃的历史内容应该以严肃的方式呈现,但卡通方式不仅没有带来不好的效果,反而吸引了大家的兴趣。很多人通过漫画这种方式了解了国家发展的历史、国际关系等。除了这种传播形态,还有很多创新方式,比如CG插画。画师乌合麒麟创作了很多国际关系的内容,在海外推特(现为X)和国内微博账号都引起了广泛关注。现在,各行各业的人都可以参与新媒体内容生产。

向善而行的挑战

因此,媒介素养除了消费,还应包括生产、发布,如何通过发布

第一章
万物皆媒，向善而行——新媒体传播中的价值塑造与培育

实现文化传递、形象塑造和意见引领等内容。今天提到的素养不仅是个人的知识技能和精神气质，也可能与法律——宏观层面的法律伦理和规制——联系在一起。因为法律是明确的对人最低的要求，但许多新问题尚未形成法律规制。比如，AI生成内容带来了著作权、隐私和价值观冲突，这需要从伦理和规制层面考量。很多媒体平台正在考虑是否需要首席伦理官做出判断。

其背后的逻辑基于流耗理论，分析新媒体的正负面影响及如何应对新问题。新媒体提供了产生内容的方式，要开源节流，利用媒体技术的正向功能，也要规避可能的负面影响。比如，新冠疫情背景下新媒体带来了一些问题。在新冠疫情期间，人们很多时候被迫线上授课。近几年出现了一种新网络暴力现象，被称为网络会议爆破猎手。他们利用网络匿名性骚扰和攻击线上课堂中的老师和学生，带来极为负面的影响。某些学校老师因遭遇爆破猎手的网络暴力攻击，承受重大身心压力，甚至有人因此自杀。因此，这些新问题需要我们提升网民素养，并从法规政策及引导方面进行相应规制。

为什么出现这个问题？因为网络匿名性可能导致网络暴力或撕裂舆论。网络传播对内对外都是匿名的。对内，网民在群体中不知彼此真实身份，只能通过强调共同点和淡化差异建立身份认同。为显示自己是群体中的一员，放大自己与其他群体的差异。对外，网民在网络上认为自己不会受道德约束或法律惩罚，因为他们觉得有匿名保护层。

这使得网民更敢于越轨或出格。比如，近年来饭圈中一些未成年人在网络上发表极端言论，即使被"清朗"行动查到，他们也认为自己只是明星粉丝，不会被追究个人责任。因此，网络匿名性导致了许多网络暴力或舆论撕裂行为。

我们专业研究过一种特殊的网络暴力群体，叫作网络喷子。他们在网络上发表极端、辱骂和争议的言论。以前，人们认为特定的人才会这样做。比如，某些网络社区的喷子，或者在网络游戏中出现的"祖安文化"。大家觉得只要禁掉那个社区，或者治理这个群体就可以了。但研究发现，任何人在特定条件下都可能成为网络喷子。他们并不一定是少数极端群体，而是在特定情况下被促成的。如何理解这种现象？为什么有些人在线下可能非常礼貌、文质彬彬，而线上却变得言论极端或情绪激烈？我想到了一个类比：你一定见识过路怒的人，甚至有时自己也会忍不住发脾气。你可能会发现一个平时脾气很好的朋友，开车时脾气会特别火爆。

这个现象与网络暴力有相似之处。所谓的路怒或线上喷子，造成这类现象的是恶劣的环境。什么时候人会路怒？堵车、交通状况不佳，你无法前行，旁边的人不停地按喇叭，甚至恶言相向。线上也是如此。如果一个人处在一个负面的线上环境中，很多人发表极端、辱骂和争议性的言论，这个环境就会让他处于不安和不好的状态，会让他对不良信息的耐受力变弱。此外，这个人本身也可能处于不好的情绪状态。

第一章
万物皆媒，向善而行——新媒体传播中的价值塑造与培育

所以，如果路况已经很差，旁边还有人抱怨甚至恶言相向，那么，即使脾气很好的人也可能会骂回去。线上也是类似的逻辑。当外部环境不好，网民处于负面的情绪中时，就可能催生出网络喷子。

这就形成了破窗效应：当线上环境已经很差时，在一些极端言论恶化的环境里，增加一个负面信息不会显得突兀。在这个过程中，信息发布者因信息受侵害或其他原因受到负面情绪影响，更容易在这样的环境中参与负面的言论表达。这使得整个言论环境变得越来越差。这就是为什么我们在一些线上社交媒体中看到这样的生态。甚至有学生跟我讲，在微博上有一个叫作"厕所 bot"的超话，大家都用极端负面的言论互相攻击，认为在那样的环境下，做出那样的反应是可以被接纳的。而且在那个环境下，人很可能会受到这些负面影响，自己的状态也会很差。这些新现象让我们意识到，我们每个人的媒介素养都需要不断提升。对网上的新现象进行治理，不能用传统方式，也不能将其视为个性化的问题。比如，你认为这只是一个偶发的、小的亚文化现象，其实不然。即使禁掉"祖安大区"，如果没有解决根本的负面问题，它也还会在其他游戏社区或社交媒体上出现。比如饭圈文化为什么会轻易出圈？为什么会多次从追星文化进入其他领域中，产生饭圈隐私侵害或饭圈霸凌等问题？背后都有这样的双重匿名性身份问题。

许多未成年人喜欢特定明星，认同自己是该明星的粉丝，但粉丝之间并不相识。为了确认彼此是同道中人，他们不断地做出一些事情

来证明自己。许多未成年人在访谈中提到,自己在线下并非如此,但为了证明自己,可能会超出自己的接受范围去做出更进一步的行动。与此同时,在群体中做事情时,他们觉得自己不会被单独惩罚,因为事情是大家一起做的。集体的匿名性保护了个人不被追责,因此出现了很多不理智、越界、侵犯隐私或欺凌行为。因此,在新媒体技术下,我们每个人、每个群体都需要重新审视:我们与恶(网络暴力)之间的距离究竟有多远?网络暴力可能并不像我们想象的那样,只是少数群体的偶发情况。

若不慎,我们很可能被不良氛围或特定事件裹挟,参与到网络暴力行为中。因此,提升媒介素养非常重要。针对网络暴力,首先要做到不参与,其次是识别,再尽可能遏制它。比如,发现网络暴力现象时,即使你不是施暴者或受害者,也不要做旁观者。及时采取行动,比如发表评论,或向平台反馈、建议、举报,这些都可能避免恶性事件的发生。从流耗的角度看,我们既要引导媒体和新媒体产生正向作用,也要减少损耗。这些素养在当下还有新的形态。

例如,算法是一个新事物,对大多数人来说,他们都需要认识和提升算法素养。算法素养关系到近年来大家关注的新媒体平台上的新职业和新形态。比如,平台骑手和订外卖的顾客通过算法联系在一起,二者的活动相互影响。因此,"困在算法中的外卖骑手"成为社会大讨论的主题。大家讨论如何让这种职业形态或经济类型更良性地发展,

第一章
万物皆媒，向善而行——新媒体传播中的价值塑造与培育

而不仅仅是将责任推给平台。每个用户都应考虑如何在使用过程中运用反馈机制。

近年来，我们还参观了百度，见识了无人车"萝卜快跑"。算法带来的一些问题实际上源于人类社会中的经典伦理难题，算法无法解决这些问题，人类仍需思考。比如，自动驾驶涉及交通事故责任归属的问题。驾驶不仅是人类可以做的事情，非人类主体也可以参与，但目前没有法律规定如何定义 AI 或算法驾驶技术的身份。它是完全物化的，还是类人化的，能够承担一定责任？还是由传统人类完全负责？为什么这是个问题？2016 年奔驰推出无人驾驶汽车时，新闻发布会上记者问道："如果发生交通事故，你们的算法是优先保障行人安全，还是车内乘客安全？"这是个两难的问题。

这正是经典的电车难题，因为路上的人和车里的人都是无辜的，生命是平等的，没有人应该被牺牲。然而，在发布会上，企业最初表示，算法可能在事故不可避免时优先保护乘客。当然，后来舆论压力巨大，企业淡化了对外表述，称会尽量减少人员伤亡的可能性。但我们可以想见，奔驰作为一家制造商，其背后是商业逻辑，嵌入算法的也是商业逻辑。车作为产品，谁来购买？企业的目标群体是谁？优先级当然会有差别，因为路人并不会为这款产品买单。这表明算法无法解决嵌入人类社会中的经典逻辑难题和困境，仍需人类解决。旧问题可能以新方式呈现。因此，在探讨新媒介技术时，技术并非完全中立，技术背

后始终是人。我们如何思考和反思,其实是非常重要的。

如果说刚刚这些情境离传播还有些距离,那么更贴近传播的算法素养议题就是信息茧房问题。算法推荐在人们观看短视频时,自动推送他们喜欢的内容。这到底是好事还是坏事?会不会让人们日益困于所谓的"信息茧房"?沉迷于自己喜欢的内容,不了解外界其他事物,长期来看,会对社会产生怎样的影响?因此,"信息茧房"在当下是个值得关注的议题。这个茧房真的存在吗?如果存在,是谁编织了这个茧房?而如果茧房形成了,我们该如何打破它?所谓的信息茧房(information cocoon),还有许多类似的名称,如回音室效应(echo chamber)或过滤气泡(filter bubble)。其形成机制是,算法根据你的浏览历史、好友和地理位置等信息,向你推荐可能感兴趣的内容。

算法这样做的目的是什么呢?从平台的角度看,这可以增强用户黏性。用户在平台上停留的时间越长,平台通过流量售卖广告的机会就越多,从而实现商业利益。从个人的角度看,短期内这似乎是好事,正如我们所说的可供性,它有短期和长期的效应。短期内,算法似乎能够读心,帮助人们在有限的时间里选择想看的内容。然而,长期来看,你一直沉浸在娱乐、体育、军事等你喜欢的内容中,时间有限,就无暇接触其他有价值、多元化的信息。

当你被困在一个像小茧子般狭小的空间里时,思维也会变得狭窄。如果你所接触的信息都带有观点性,你可能会误以为他人也持相同观

第一章
万物皆媒，向善而行——新媒体传播中的价值塑造与培育

点。当意见差距甚大时，极端化纷争便会出现。

但我们研究了信息茧房后，发现算法本身并不能完全造成这个问题。信息茧房的形成既有受众的因素，也有技术的因素。从受众的角度来看，人本身就有心理偏好，总是倾向于选择熟悉和感兴趣的事物。即使没有算法，人们在看报纸、电视节目和广播时，也会选择版面或频道。因此，人自有一种心理机制，选择性地接触感兴趣的内容，并在其中选择性注意更吸引自己的部分，细细品读。人们在阅读这些内容后，会对重要且感兴趣的内容进行选择性理解和记忆。

因此，即便没有算法，我们的头脑中其实也存在一种"算法"。这个词最初并不是用来描述 AI，而是用来形容人的心理机制。每个人的大脑其实都是一个黑箱，我们常常没有意识到这一点。有了技术后，通过程序可以把这种"算法"外化，推测人们的喜好。例如，因为你看过某个内容，所以猜测你可能喜欢类似的内容；因为你的好友喜欢某些内容，所以猜测你也可能喜欢；因为你所在的位置大概是某地，所以猜测你可能会喜欢某些内容。于是，算法从技术的角度进行推测和推荐，相当于在人的头脑中已经存在的"黑箱"之外，又加上了一层"黑箱"。现今智能手机中的应用也有一套算法。在这种双重算法的影响下，人们可能会花费有限的时间接触特定的内容。如果每个人都生活在自己的"小泡泡"或"茧房"里，那么"信息茧房"假说所担心的情况就会发生，人们的信息会变得越来越狭窄，接触到的

观点也会趋同。

在传统媒体时代,人们接收到的信息都来自同样的媒介池,个人会认为自己接触到的信息代表了大多数情况,这是媒体提供的。然而,现在每个人使用的媒介组合都不同。你有一个抖音,我也有一个抖音,但我们接触的内容可能完全不同。基于所看到的信息,你可能误以为大多数人都是这样的,从而对社会现实产生误判。于是,大家都觉得自己代表大多数人的立场,在进行论证和争辩时,可能会形成极化或观点撕裂的局面。信息茧房效应的出现,确实会对现实产生巨大的影响。

比如说脱欧。在英国脱欧过程中,剑桥分析利用人们日常不经意间做过的心理测试、看过的广告等信息,猜测用户可能偏好的内容,然后,针对性地向人们投放一些与政治倾向相关的内容。人们误以为自然情境中接触到的信息就是现实情况,从而做出错误的投票判断,给社会或国家层面带来巨大的影响。因此,现在的情况与以往不同。以前的算法是人们自己构想的,而现在除了个人的选择,还有一个来自平台技术的算法,在人们无意识的情况下影响并操控他们,而人们自以为做了自主选择,实际上是进入了被设计的情境。

如何应对信息茧房呢?我们呼唤算法透明,即让人们清楚算法的运行机制。就像我们点菜时看菜单一样,需要让人们知道算法如何根据喜好推荐内容。一些在平台实习的学生反映,平台也很重视算法的效果。例如他们计算用户阅读内容的平均数量为八条。为打破信息茧房,平台可能在第七条时推送一个用户以前没看过但被公认为优质的内容，帮助其拓宽视野。然而，如果用户只看六条就转去别的平台，他可能享受不到这个拓宽效果。因此，算法透明很重要。你将推荐的"菜单"告诉我，让我了解算法如何推荐，然后我可以自行选择。

比如说我今天想要突破自己的信息茧房，你就根据我的历史记录推荐几条观点不同的内容。这样，我既能享有选择的便利，又能获得更多信息，还可以随时调整我的偏好，而不是在"算法黑箱"中获取信息。

大多数人现在都知道算法的存在，但很多人并不清楚算法是如何运作的，因此他们在盲目地接受或抵制。比如，有人会说："我的算法不准，因为我之前查过一些信息，它最近总给我推这些内容，所以我需要调整一下。我再看看别的。"一些在线内容创作者希望算法能为他们增加流量，因此尝试各种方法，希望获得更多曝光和影响力。但这些多是猜测，很可能无法真正改变现状。

因此，增强这种素养不仅仅是个人的责任，还需要平台的支持。平台在设计算法时，是否考虑如何平衡经济收益与普通用户及社会长远发展的利益？企业的经济收益与普通用户及社会长远发展的利益之间是否存在平衡？算法增强了用户黏性，但也要注意避免长期的负面影响。因此，我们需要了解媒介的影响。在当前的全媒体时代素养，不仅仅涉及知识技能，还包括思维意识和精神气质。这不仅是对年轻一代的教育，也是对所有人的教育。无论是个人、媒体机构、平台运营者,还是媒体治理者,都应具备媒介素养的意识。只有在日常内容生产和设计中融入算法或新媒体素养理念,才能利用不断发展的新技术实现素养培养和价值引领的目标。

让媒介成为向善的起点

既然我们了解了媒介是什么,也知道它可能对我们的生活产生的影响,我们就要积极应对和改善。

我们该怎么做呢?新媒体确实带来了巨大的挑战,同时也带来了许多机遇,是挑战还是机遇,关键在于我们如何看待它。现在万物皆媒,这带来了空前的变化和挑战,但也带来了许多机遇和创新的可能性。传播学作为一个学科交叉性很强的领域,被称为站在十字路口的学科。由于新媒体技术的发展,这个学科来到了重要的转折点。因此,大家都提倡媒介融合发展,以媒介为抓手或切入点,通过融合、共赢的方式,通过全媒、全员、全面推进向善的可能性。

所谓的全媒就是现在的全媒体。既然现在已不是报纸、广播、电视的传统媒体时代,那么它应是一个新媒体多模态的时代。这一过程由人和媒介共同参与实现。为何强调多模态传播?当 ChatGPT 出现时,几乎各行业、各学科,甚至普通人都在探讨它,其功能中也突出了多模态的特点。我国网信办关于 AI 生成内容的讨论稿,截至 2023 年 5 月 10 日的版本中也强调,现在的媒体不再像过去那样,报纸是视觉传

第一章
万物皆媒，向善而行——新媒体传播中的价值塑造与培育

播，广播是听觉传播，电视是视听传播。如今的新媒体是多模态的，各种多媒体技术混合使用，融合在一起。因此，多模态传播在语言使用方面有更多可能性。

一些AI学者探讨AI的上限可能是语言。如果我们不探讨多模态，就无法想象AI会达到人类般的智能。为何如此？因为人类智能有许多无法用语言清晰表达的部分。比如，你可能感受到一些微妙情绪，常说"你懂的"，对方说"我知道了"。这种情境若无法用语言清晰表达，就无法转化为可用程序表述的操作，也无法让AI理解。因此，语言成为AI模拟人类智能的上限。我们需探讨是否还有其他技术，比如用非文字的语言符号，即多模态的、视觉的、听觉和其他输入来反映人类智能的丰富与复杂。

AI的发展可能还需要一段时间的大模型迭代。然而，在多模态或全媒体时代，我们如何通过日常接触的各种媒体实现向善的价值呢？我举几个例子。首先是青少年群体，无论是在媒介治理还是内容生产方面，大家都注意到青少年是一个特殊的群体，需要培育和引导。因此，国家对短视频平台做出了规定，要求推出青少年模式，避免青少年在观看网络视频时接触到不利于其身心发展的内容。青少年模式不仅有法律支持，也有政策引导。我们希望这些在新媒体环境中成长的青少年能够享受更好的新媒体资源，同时规避潜在问题。

不过，在全媒体语境下，现有的青少年模式并不完善，因为很多

青少年觉得这只是成人模式的简化版，仅仅去除了对他们不利的内容。青少年并不是这样成长的。中学不是简化版的大学，游乐场也不是简化版的成人场所，它们都是专为青少年设计的，符合他们的喜好和需求。因此，我们倡导全媒体实现这种向善。以青少年模式为例，它应该是专为青少年打造的，就像建一个游乐场，需要考虑青少年的喜好及娱乐、教育和社交需求，而不是简单地修改成人模式。还要让青少年真正使用媒体并反馈，因为很多青少年具备很高的技术素养，他们很容易突破模式限制，探索其他内容。但如果模式真的很好，他们会主动进入并享受其中。同时，这种模式应具有未来性和亲子性。就像现在的成年人也会到亲子餐厅或游乐场陪伴孩子，因为那里有很多孩子和成人都喜欢的东西。比如动画片很受欢迎，成年人也会去看。因此，青少年模式中要有很多青少年喜爱且适合他们发展的内容，同时能让家长参与并引导他们。做加法而不是减法的思维模式，能让青少年真正喜欢并受益于新媒体。

除了关注年轻人的设计，我们还必须重视老年群体的需求。随着人口老龄化，老年模式不应仅仅是关怀模式，而应该满足老人多样化的需求。当前老年模式普遍采用字体放大、颜色鲜艳、按键明显的方式，但这忽略了老年人群体也有丰富的需求和喜好。他们未必喜欢年轻人喜欢的东西，因此只是把这些东西放大一点是不够的。我们应该从老年人的角度出发，考虑他们与其他群体的不同与相同之处。例如，

第一章
万物皆媒，向善而行——新媒体传播中的价值塑造与培育

孤独感是老年群体中一个很大的问题。通过访谈，我们发现当前媒体平台提供的智能语音助手或智能音箱没有考虑老年人的声音偏好。平台的默认版本多是年轻女性的声音，后来增加了个性化定制，有了小孩子或明星的声音，但没有老年人的声音。那么老年人到底愿不愿意听一个同龄人说话呢？最初为什么没有这个选项呢？

这是因为许多设计初期都很傲慢、带有刻板印象，认为新媒体是年轻人的领域，因而以年轻人为目标受众进行调整。可能只是简单地对成人模式进行剪裁或优化，制作出青少年版或老年版，并没有真正针对特定群体进行设计和开发。所以我们进行了一个研究，录制了不同类型的声音，并设计了实验。我们想看看老年群体是否喜欢同龄人的声音。结果根据老年人对智能语音的使用将之分成两种类型。一种是陪伴型，老人想要与之聊天，不期待它做什么。尤其是许多空巢老人，孩子不在身边，日常生活中也无人愿意倾听他们讲话，因为老人们可能会重复讲述一些话题。另一种是服务型，老人期望它提供信息或服务，比如关于健康、出行、天气等。对于这两种不同的类型，老人的期望也不一样。对于陪伴型，他们希望声音让他们感到亲切。因此，许多老年人表示，他们听到小孩子的声音会特别高兴，因为有隔代亲和天伦之乐的感觉。所以如果智能语音用小孩子般可爱的方式与他们交流，他们是乐意的。但对于服务型，他们会问："这个小孩子懂什么呀？如果一个孩子告诉我今天去哪儿怎么走，我该信他吗？"他们会把声

音背后的社会角色也引入其中。因此，老年人可能有一种传统惯性，这是在传统媒体时代和人际交往中形成的。对于功能性的服务，他们可能偏好年轻且可信度较高的声音。因此，我们应该根据不同的场景和目的，为老年群体提供更合适和丰富的声音选择，让他们能够更好地享受新媒体带来的便利和乐趣。

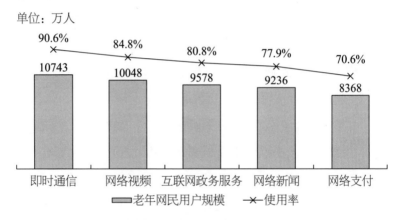

老年网民最常用的五类 App 应用

来源：CNNIC 中国互联网网络发展状况统计调查（2021 年 12 月）

  因此，在设计老年模式时，我们不仅要考虑形式上的大字，更要真正关注他们的需求，比如老年人的情感需求。之前"假靳东"事件中，许多人调侃老年人容易成为网络诈骗的对象。然而，许多人没有意识到，现在的老年人退休了，有钱有闲，但许多需求未得到满足，特别是情感上的需求。他们渴望亲密关系和人际交往，也关注健康状况。许多

第一章
万物皆媒，向善而行——新媒体传播中的价值塑造与培育

人认为老年人特别爱传播一些养生谣言，但这是因为他们非常关注健康。我们应为他们提供权威渠道，而不是让商业自媒体贩卖焦虑和谣言。此外，微信上的老年人专属表情包看似花哨，但也是他们社交的一种方式。我们不应以年轻人的眼光来审视或误解他们。因此，无论是青少年还是老年人，我们都需要利用各种媒体手段来了解他们的实际需求。这让我想起朋友圈中，一个学生为她姥爷制作的指导手册，展示了在现代家庭环境中，所谓的数字原住民是如何用自己的技术和素养反哺老年群体的。这可能值得我们在产品设计和理念推广中综合考虑。

再来看全员，全员素养涉及每个人。在当前媒体技术的使用中，人人都可以参与进来。专业人士、普通人，甚至是那些过去不参与媒体活动的人都能参与。

例如，2023年时我们在ChatGPT爆火之前做了一项研究，探讨人们能否与聊天机器人产生共情。我们发现，不同的人对聊天机器人的感知非常不一样。有些人将聊天机器人视为真人，认为AI懂他们，甚至能感受到他们的情感，并给出反馈。因此，他们会小心翼翼得像对待人一样对待这些聊天机器人。有些人认为，尽管AI在情感上不能理解人，但在认知上能听懂并提供反馈。还有些人将AI视为可以进行情绪处理的程序或电子宠物，甚至将AI用作情绪的宣泄口。

我们关注这种新型智能媒体的影响有何意义呢？在新冠疫情背景下，我们发现人机之间的传播和互动，在一定程度上成为一种电子化

或媒介化的支持，帮助人们渡过了难关。在现实生活中也是如此。尽管我们常说人际关系最有价值，但即便是最亲密的人，我们有时也因道德顾虑或不想打扰对方的想法而无法频繁从中获得支持。智能机器人等新技术可能在未来为人们提供新的可能性。

最后，我想谈谈全面性，即无论是与传统媒体直接相关的还是与之有一定距离的行业，都可以参与媒介内容的生产。

我们之前提到，整个文化循环过程都嵌入了媒介逻辑。因此，现在有许多媒介产品突破了我们的想象。比如：谷歌在日本秋田县推出了狗狗视角的地图，让人们看到不同的风景；中国香港有人将当地社会治安问题投射到地图上，形成旅行导览路线；疫情期间，网络游戏《瘟疫公司》成为了解流行病传播和健康宣传的工具；巴黎圣母院大火后，VR、AR和实景还原技术，特别是其在游戏《刺客信条》中的呈现，让许多从未去过那里的人能看到真实的教堂场景；等等。

可以将媒介作为抓手，利用各种媒体手段和技术，让不同行业的人都参与进来。如果媒体成为基础设施，那么将媒介作为抓手就有可能。全媒、全员、全面的培育使我们有很多空间来展开创意和实践。在当下，我们既要谋事也要谋势，以媒介为抓手，向善而行，通过融合实现共赢。

第二章

从零到一到无穷：
短视频创作背后的乌龟、兔子和狼

  本章从一个心理游戏开始，通过不同的抉择，我们可以得出三个深刻的人生假设：最重要的往往最先被抛弃，我们最不想遇到的往往是我们最缺乏的，而最危险也最强大的存在可能就是我们自己。

  基于这三个假设，作者分享了自己和爱人在短视频创作领域的经历。通过对比两人不同的创作风格——一个像"兔子"般追求快速创新，一个像"乌龟"般稳步前行，我们能看到传统媒体人在面对新媒体时的困境和转型。

  故事最终升华为一场关于媒体未来的奇思妙想。在这个风起云涌的融媒体时代，也许我们既不该是匆忙的兔子，也不该是迟缓的乌龟，而是要化身为敏锐、高适应能力、懂得团队协作的"狼"，更好地展望媒体未来发展，拥抱大变局。

■ 新媒体运营管理

牛力

- 中国播音主持"金话筒奖"获得者，中国传媒大学文学博士，中华女子学院文化传播与艺术学院教授，硕士生导师，联合国教科文组织"媒介与女性"教席委员，中广联有声阅读委员会高校工作部常务理事，北京市欧美同学会理事。曾任新华社国际部编辑、中央电视台社教中心主持人、北京电台首席主持人、北京文艺广播副台长等职。
- 作品获中国新闻奖、中国播音主持"金话筒奖"、中国广播影视大奖等多项大奖，出版《中国要淡定》《听大使讲故事》《当代中国语境下的广播主持人核心竞争力研究》《路——漫谈好节目的克隆与创新之道》等多部专著。

第二章
从零到一到无穷：短视频创作背后的乌龟、兔子和狼

让我们来做一个测试。想象一下，你正在沙漠中跋涉，物资渐少，不得不做出选择——你必须一个个地放弃陪伴你的动物，它们分别是马、绵羊、老牛、狮子和猴子。你会首先放弃哪个？最后留下哪个？

A.马

B.绵羊

C.老牛

D.狮子

E.猴子

心理游戏 1

我们来揭晓答案，这些动物其实代表某种情绪或感情。马代表事业、工作和理想；绵羊代表爱情、恋人和婚姻；老牛象征忠诚，代表对家庭和亲人的忠实；狮子象征勇气；猴子象征友谊。在冲突过程中，你可能会选择或放弃家人、事业或爱人等，总有一方是你选择的或放弃的。

再换个游戏，当你独自进入森林探险时，你最不希望遇到的动物是哪一种？请在老虎、猴子、孔雀、大象、狗之间选一个。

■ 新媒体运营管理

心理游戏 2

大部分人都不希望遇到老虎。老虎代表了力量和勇气；猴子代表着智慧和机智；孔雀代表美丽和虚荣；大象代表着忠诚和友谊；狗代表着家庭和亲情。一般来说，当一样东西成为你的对立面的时候，你最不希望它具备的就是力量和勇气。

那么，我们再前进一步：如果这只老虎成为电影的主角呢？由此可以联想到了《少年派》这部电影，电影最后的结局，有着两层意思。

第一层意思是我们在《少年派》电影中直观看到的故事，一个印度小伙子在太平洋上漂流了 200 多天，最终在墨西哥湾获救，全程陪伴他的是一头孟加拉虎。然而，这个小伙子后来又讲出了第二层意思：在这个故事中，船上的猎狗是一个暴虐的厨子，斑马是佛教徒，猩猩是派的妈妈，而那头猛虎则是派自己。

在第二层意思中，我们看到，其实并没有什么动物，所有动物都是人类行为的象征。我们可以提出三个假设：

第一，最重要的往往是最先被你抛弃的。就像在沙漠中，我们不得不放弃那些动物时，也许最先抛弃的正是对我们最重要的，比如老牛可能象征着家人，而狮子则代表我们最需要的勇气；

第二，我们最不想遇到的往往是我们最缺乏的。比如当你进入森林时，在看到的动物中，你最不想遇见的就是最有力量的那个，因为一旦遇见，你可能立刻成为它的猎物；

第三：那个最危险，也是最强大的存在，很有可能就是你自己。

接下来，我将基于这三个假设进行分享。

创作者的龟兔赛跑

在 2023 年初，我和爱人不约而同地开始在抖音上进行短视频创作。可以说，当时我们在这一领域完全是新手。

可能只有从一开始进入短视频创作领域，才能感受到更大的震撼。对我来说，这正是从进入到感受，或者说从 0 到 1 的转变过程。

2023 年 1 月 14 日，我发布了我的第一个短视频。由于长期从事新闻工作，我更擅长借用新闻热点，也就是所谓的"蹭热点"。因此，第一个短视频是蹭了某名人打人事件的热点。

与此同时，我的太太在 2023 年 1 月 20 日发布了她的第一个短视频。她是一个从未做过短视频、从未出现在镜头前的人。她有 20 多年的出版经验，是出版人，对心理学有浓厚兴趣，还考取了心理咨询师资格证。她的第一个短视频是关于心理咨询的。

我需要解释一下这两个短视频的区别。

我有 27 年的新闻工作经验，这个短视频完全是原创的。我认为自己在视频内容和设计上都花了不少心思，有很多地方都做出了反差效果。

我的太太将开始的形式，一直用到现在，很多地方都是模仿他人，她的内容在目前的抖音短视频中，也没有多少创新。

三个月后，我汗流浃背地努力工作，积累了 1700 多个粉丝。然而，我太太，一个从未做过短视频、从未涉足视频领域、从未出镜的人，粉丝已经接近 4 万。这是怎么回事？为什么会出现这样的现象？仅仅因为我曾有一天因为创作瓶颈而停止更新吗？还是有其他原因？

这个问题促使我反思：传统意义上的精致与当今短视频世界中所谓的精致之间是否有很大差别？我去问了 ChatGPT："有没有一类创作者叫兔子型创作者？"它说有，这类创作者的特点是迅速适应市场需求，追求爆款。他们追求短期高流量和关注度，往往能够抓住市场热点和趋势。我觉得这正是我。

我在 2023 年 2 月 15 日，因为一次偶然的出差，在高铁上看到

第二章
从零到一到无穷：短视频创作背后的乌龟、兔子和狼

一篇文章，提到自杀学生父母职业的前三位是教师、医护人员和公务员。我对这个话题很感兴趣，下了高铁，在打车的路上，花了一两分钟随意录了一个短视频上传到平台上。由于不太会操作剪映软件，标题和内容有些混乱，看不清楚。然而，这个仅有 15 秒的短视频在抖音上获得了 53.9 万次播放，在视频号上达到了 180 万播放量，点赞率和争议率都很高。

没有答案，也没有任何精良的制作，只对着镜头说了两句话，结果播放量竟然这么高。这是我的问题还是短视频平台的问题？我有点搞不明白。

我又问 ChatGPT："是不是有一种叫乌龟型的创作者？"它说有，说这类创作者的特点是持之以恒、稳定发展，他们往往注重视频内容的质量，逐步积累粉丝，建立自己的品牌。我发现我太太的创作风格还真有这种感觉，她每周稳定更新 3 个短视频，而且所有作品的整体风格都非常一致。

在这过程中，我突然发现我和爱人之间的龟兔赛跑其实已经有了结果。

在整个创作过程中，兔子型创作者体现出快速成长和创新性。这类创作者通过独特的内容、新颖的表现手法和敏锐的市场洞察力，迅速吸引关注，在短时间内积累大量粉丝，实现从 0 到 1 的突破。

同时，乌龟型创作者的存在也至关重要，因为他们保留了短视

频创作者的整体形象，能够实现平稳和持久的发展。乌龟型创作者通过坚持原创、打造品牌形象、关注粉丝互动等方法，稳定地积累影响力，并在竞争中不断调整创作策略，适应市场变化，实现可持续发展。

我询问了 New Bing，它指出，在龟兔赛跑中，速度和稳定同样重要，这是我们必须坚持的，缺一不可。既要追求快速成长，也要关注长期发展战略，包括尝试新颖的创意、注重粉丝互动、持续学习和提升、适时进行商业变现、分析市场趋势等。这些建议超越了我的认知。

同时，它为我提供了理论支撑，这类似于经济学中的双循环理论。速度是内循环，我们要注重速度，快速响应市场需求，紧跟潮流趋势；而稳定是外循环，我们要保持稳定的品质和风格。

经过半年的学习和创作实践，我收获颇丰，感到自己有了显著成长。我认为自己既能成为兔子型创作者，也能成为乌龟型创作者。

然而，某天我经历了一次灵魂的反转。这个反转源于一个突然的认知：我其实不是那个灵活的兔子，而是一只背负重壳的乌龟。为什么会这样说呢？因为我长期浸润在传统媒体中，对新媒体的理解不足，适应能力较低，被传统媒体的观念和方法所束缚。正是这种局限，让我在长达半年的时间里对自己的认知存在误区。

在传统媒体中，我背负着所谓的"形象包袱"。这个包袱虽然塑

第二章
从零到一到无穷：短视频创作背后的乌龟、兔子和狼

造了我的特色，但同时也成为了沉重的负担，让我难以跳脱固有框架，难以放下身段。坦白说，这是我们这些传统媒体从业者在面对新媒体时最棘手的问题——这个沉重的"壳"，很可能是难以褪去的。

这次认知的反转让我回顾了过去。过去我还在北京人民广播电台时，一直担任首席主持人。后来，我从北京人民广播电台交通广播的主持人岗位，转任到北京电台节目中心，开始了管理工作。那时，我经历了两件重要的事。首先，我们邀请了《新媒体革命》的作者仇勇，就广播与新媒体内容创业以及节目制作与中心员工进行了一次深入的交流座谈。

直到现在，我仍认为那次交流座谈相当前卫，因为他特别提到了广播人如何实现内容创业，包括风格化、垂直化和真人化。当时我们还做了一个大胆预言：传统媒体向新媒体或融媒体转化的过程中，还有三年的未来。没想到一语成谶。2016年的那次座谈后，我写了一篇文章《也许我们还有一个三年的未来》，2019年便得到了验证。北京人民广播电台在建制上消失了，变成了北京广播电视台、音乐广播中心、交通广播中心等，而我离开电台去了学校任教。

然而，还有一件令我特别遗憾的事。2016年，我们接触到了抖音，但并未认识到它的潜力。有一天，作为北京人民广播电台节目制作中心的副主任，我接待了寻求合作的抖音代表。我们当时低估了抖音的重要性。这个新兴平台急需优质内容。他们清楚地知道，我们这些专

业媒体内容制作者——特别是我们电台，当时我管理着100多位广播主持人——完全有能力提供他们所需的内容。尽管抖音开出了优厚的条件，我们却没有把握住这个合作机会。事后回想起来，我懊悔不已，深感错过了"一个亿"。

我又继续问ChatGPT："新媒体平台给我们带来了哪些巨大改变？"

它说，新媒体给生活方式带来的深刻变革是多层次的。首先，信息获取变得更加便捷，我们可以随时随地观看视频、进行碎片化阅读。新媒体已成为生活必需品，彻底改变了我们的日常习惯。随之而来的是消费模式的转变。我们在抖音等新媒体平台上停留的时间越长，越倾向于在这些平台上获取各种信息，包括消费相关内容。因此，网红（Key Opinion Leader，KOL，关键意见领袖）引导消费、短视频直播购物等新趋势应运而生，同时也催生了对多元化消费和个性化品味的需求。在这个过程中，我们的价值观确实受到了巨大冲击。传统的中心化理念正逐渐被去中心化的价值观取代。快速、简洁、有趣成为了主流追求，我们开始追随网红所描绘的"梦想"。

1996年，尼古拉斯·尼葛洛庞帝在《数字化生存》中预言了如今正在实现的趋势和巨变。信息获取方式已发生翻天覆地的变化。过去，无论是广播、电视还是报纸，信息都是被动推送给受众。而今，我们通过智能手机和电脑这些"数字勤务员"主动参与信息获取过程，它们为我们筛选并呈现信息。

尼葛洛庞帝的观点与 ChatGPT 的分析不谋而合,都指出这些变革深刻影响了我们的学习、工作和娱乐方式——简言之,改变了我们的生活方式。这让我思考:我们是否正经历着媒体的涅槃与重生?就像有人认为 ChatGPT 的出现堪比人类发现火种。这种说法或许夸张,但 AI 确实给我们带来了巨大的观念冲击。

回顾媒体发展,我的认知已从龟兔赛跑的寓言升华到对媒体转型的深入理解。如果我们将传统媒体比作披着重壳的乌龟,新媒体则像是反应迅速、能快速裂变的兔子。那么,两者结合会碰撞出怎样的火花?这个想法令我兴奋不已。也许,我们将对媒体有全新的认知:它既不是传统媒体的乌龟,也不是新媒体的兔子,而应该是作为融媒体的狼——这正是我要探讨的主题。

回到三个假设之一,对我们而言最重要的往往是最先被放弃的,这些可能恰恰是我们最应该保留的品质。以传统媒体为例,我们不应一概而论地否定它。传统媒体实际上拥有诸多优秀品质:它们擅长内容生产,具备整体机构的运作能力,包括对问题的把控和强大的内容控制力。这些是传统体制赋予我们的宝贵财富。然而,面对新媒体的冲击,传统媒体可能会变得畏首畏尾。如果不主动改变,它们可能成为我们首先抛弃的对象。

那么,新媒体又如何呢?新媒体不应只是昙花一现。尽管它在不断变化中以各种形式呈现，但仍应保持如兔子般的敏捷和快速反应能力。我们需要及时调整和转变。至于融媒体——这只"狼"，我认为它不该成为忘恩负义的白眼狼。这就是我要分享的第一部分，从龟兔赛跑的寓言中得到的启示。

狼型创作者

在传统媒体的进化过程中，面对新媒体的冲击，我们不仅需要发扬传统媒体的优点，还要勇敢地拥抱新媒体带来的变革，深入研究新媒体的特色。只有这样，我们才能实现媒体的深度融合。

接下来，我将与大家分享三个例子。

第一个例子是广为人知的"小小花园"中的黄老师。网上对其评价不一，还有各种深入的评论。然而，有一个现象一直让我感到困惑。黄老师的视频是随意拍摄的，她衣着朴素，发型随意，几乎素颜出镜。更令人惊讶的是，她在三天内发布了两个几乎相同的视频，分别于 2023 年 4 月 28 日和 5 月 1 日上传。这两个视频的播放量惊人地超过了 10 亿，点赞数过千万。短短五天内，她的粉丝暴增 400 万。相比之下，我辛苦耕耘三个月，却只有 1700 多个粉丝。面对这样的差距，我不禁既羡慕又嫉妒。

与她同时走红的有另一个抖音账号——墨鱼日记。这个账号可能知名度不及黄老师，粉丝量也没那么多。不过，墨鱼日记的短视频内容却为我们揭示了为什么像黄老师这样的短视频能够爆红。在这个新媒体时代,我们不正是在寻找短视频爆火的原因吗?让我们一起来看看墨鱼日记是如何分析这个现象的:

首先,我们关掉画面,只听声音,立即能捕捉到人物关系。接着,关掉声音,仅看画面,我们得到了老师的人设。将画面和声音结合,一个完整的故事就呈现出来。这样,人设强化了人物关系,人物关系丰富了故事,而故事又反过来补充了人设。于是,一个稳定的三角形内容结构就形成了。在抖音上,善用这种视频结构的创作者都火了。

但这还不是视频爆火的根本原因。真正的原因在于这个三角形结构搭建出的情境。有了情境,观众才能获取不同的情绪价值。有人看后觉得上头,有人则感到非常治愈。总的来说,抖音上各种奇思妙想,归根结底都是为了提升视频价值。无论是实用价值还是情绪价值,能与观众产生共鸣的作品才是好作品。

情境三角结构

抖音给了我们一个启示：在这个过程中，有三个关键要素——人设、人物关系和故事。我认为这个分析很到位。在当前的抖音创作中，这可能是一种较有代表性的创作方式。你先塑造好人设，然后建立相应的人物关系，讲述一个故事，再将其置于特定情境中，体现出情绪价值和实用价值，就大功告成了。说实话，从内容角度来看，这种创作方式并不难掌握。

再说说墨鱼日记这个账号。我观察到，2023年5月3日他只有12.7万粉丝，后来已经涨到20万、70万，甚至更多，远远超过了我。不过，我发现他也在不断重复自己的创作模板。

我总结了他的内容，主要包括四个方面。

第一，借势。通过选择热门话题来借流量，例如蹭"小小花园"的热度，将这些流量引导到自己的账号上。

第二，强化内容结构。采用"泛话题漏斗"策略，逐步锁定精准用户和粉丝，最终呈现干货内容，提高完播率。

第三，巧妙的文案架构。使用"自我否定式"文案，以巨大的反转结尾，有效提升完播率。

第四，独特的人设打造。整个视频中不露脸、不显示姓名，仅用声音呈现。按理说这在短视频创作中是比较不利的，但通过塑造"普通社畜"的形象，它依然成功引起了观众共鸣。

观察这些快速走红的账号，使我不禁思考：我们能否模仿？这与我们要分享的内容有何关联？比如，与狼有什么联系？

我向 ChatGPT 询问狼的捕猎方式，得到了既出乎意料又在情理之中的回答。ChatGPT 指出，狼会巧妙利用环境进行捕猎。它们利用风向掩盖气味，从下风处接近猎物，利用地形包围猎物。这不正是"借势"的体现吗？狼还会选择性捕猎，通常瞄准较易捕获的目标，如年老体弱或处于不利位置的猎物。这种策略既能提高捕猎成功率，又能降低风险。从短视频创作的角度来看，这不正是精心设计文案结构的过程吗？

狼的创作就是捕猎。在捕猎过程中，狼展现出高度的团队协作能力。它们共同追捕猎物，通过配合使猎物疲惫，最终实现捕猎目标。这不正是它的内容结构吗？它的内容结构体现的就是团队协作。

接下来，我要谈谈"狼设"。什么是狼设？狼在捕猎时保持安静，避免惊动猎物，悄悄接近，直到最后一刻才发起攻击。这不就是它给自己设定的角色吗？我在想，在新媒体或短视频创作中，我们是否需要向狼学习？确实需要。狼象征着竞争力、团队合作和适应能力。在生态圈中，狼是群居动物，具有很强的领导力和很高的社会地位。它们在生存竞争中主要依靠狩猎技巧、团队合作和适应不同环境的能力。它的生存策略就是适者生存，通过不断积累经验提高竞争力，并适应环境变化，以确保自己在生态圈中的地位。

如果我们稍微转换一下这个概念，是不是就能自然地理解了？在当前群狼环伺的短视频创作空间里，我们是否也在使用这种适者生存的策略？我们需要不断积累经验，提高竞争力，适应环境变化，以保持在整个短视频创作生态圈中的地位。

我觉得"狼型创作者"这个词很贴切。狼型创作者具有强烈的竞争意识和协作精神，他们能够快速适应市场变化，制定创新策略，通过不断挑战自我和优化内容来实现市场领先地位。比如我们看到的"小小花园"，它并不是不断创造新形式，而是找到一种新的"魔法"——新的形式或模块，之后不断地在这个领域重复和深挖。这不正是应该具备的狼的品质，而非所谓的"狡兔三窟"吗？

多年前，我进行过一项博士研究，题为《当代中国语境下的广播主持人核心竞争力研究》。其中有一章名为《狼来了：漂流在末日洪水中的传统媒体》。简而言之，我们早就意识到传统媒体在新媒体竞争中面临着运转模式瓦解的风险。在新媒体的持续冲击下，传统媒体不断瓦解，而新的传播模式已被新技术所主导。例如，抖音推荐算法的存在为创作者提供了制作爆款内容的可能性。

让我们看看第二个例子，这个案例体现了我们在创作过程中，作为"狼"的另一种可能性——技术。刚才我们谈到了团队创作，而现在我们看到的是技术的力量。

2023年，有技术公司利用短视频智能生成工具——这是AI的应用——开发出了一款名为"引流宝"的产品。显然，这个工具不是通

第二章
从零到一到无穷：短视频创作背后的乌龟、兔子和狼

过人力实现短视频剪辑，而是依靠技术。在实际创作中，我们需要对视频素材进行剪辑和发布，这个过程往往耗费大量人力物力。引流宝正是针对这些痛点而生：解决剪辑效果不稳定、效率低、成本高、无法覆盖多平台需求等问题。引流宝的出现，展示了技术如何为我们带来生产力的提升。

引流宝是一个短视频智能生成平台，无需人工剪辑就能实时自动生成海量的优质短片。流量获取、内容生产、效率提升和成本控制都通过技术实现，而非人力。这项技术的引入使我们能够实现各种场景效果。

我想用这个例子来说明技术给我们带来的最大变化：大幅节省人力和物力。

第三个例子，我想将其与当前主流趋势结合。2018年，中国新闻奖增设了媒体融合奖项，设立了6个评选项目：短视频新闻、移动直播、新媒体创意互动、新媒体品牌栏目、新媒体报道界面和融合创新，共50个奖项。我们来看其中一个：获得第三十届中国新闻奖一等奖的短视频系列《"数说70年"数据新闻可视化系列短视频》。这个系列用数据展示了新中国成立70年来的成就和变化，内容中也提到了它的采编过程。我发现它与我之前的想法有很多相似之处。它注重什么？强化选题策划——这不就是借势吗？优化切入视角——这不就是人设打造吗？精炼文本语言——这不就是内容结构吗？细化设计方案——

这不就是文案构架吗？这些都体现了在强化和最大化产品传播效果过程中，短视频创作的几个关键元素或方法。

| 时代的新媒体

在分享完这三个例子后，我想和大家一起进一步探讨我们所处的时代。关于这个时代的媒体概念，其实有很多说法。媒体形态日益多样，术语也越来越复杂。早期我们称之为跨媒体，即从一种媒体到另一种媒体的跨界，如从报纸到广播，再到电视。随着时间推移，我们又发现了新的术语：全媒体、融媒体，还有新媒体、自媒体、社交媒体等，不胜枚举。

我们可以回归到媒体融合的一些基本定义。媒体融合是一种合适的和较长期的媒体战略，它将具有同一或不同所属权的纸媒、广电和电子媒体平台融合在一起，在融合过程中，媒体经历了二次甚至多次利用，强调重新定位、重新定制和重定目标。这"三重"过程实际上告诉我们，我们正在创造一种全新的、与以往所有媒体都不同的形式。

用一个例子来说明可能更直观：早期的报纸、广播、电视是完全独立的，对应着A、B、C三个形态，之后它们开始相互交叉，最终融合形成了所谓的D形态。目前，我们可能还处在A、B、C、D共存的状态，但如果再往前发展，A、B、C、D可能都将不复存在，而变成一个全新的 D 形态。这个新的 D 形态的出现给了我们一种全新的思考方式。我们似乎不能再用传统的 A、B 或 C 形态的制作或运营方式来衡量这种新的 D 形态。这无疑给当前从事媒体研究的我们带来了巨大挑战。

回到我们的主题，在 I 时代，这里的 I 代表 Internet（互联网），新媒体有哪些明显特征呢？我刚才举了几个例子，也分享了我对这些特征的一些看法。

第一，它的外在表现更加独特。就像"小小花园"的黄老师，在这个浮躁、大众化的短视频环境中，她的作品非常纯真，突然为我们带来一股清新之风。"小小花园"这个主题，加上幼师的身份和孩子的声音，瞬间营造出一种浪漫、舒适的氛围。这种感觉恰好是我们所缺少的，也是她作品的独特之处。

随着这种独特的外在表现，我们看到平台和渠道带来的机遇为内容创作者提供了展示实力的舞台。在这个环境中，平台变得更大，个人变得更小，但同时个人也更具个性。创作者从组织中逐渐解放出来，展现出强烈的独特性。这种独特性延伸到一定程度，就是我们需要有强烈的流量意识，这与传统媒体的理念有所不同。

传统媒体强调"约会意识"，长期积累固定的听众或观众，这些听众或观众成为忠实的追随者，也就是我们现在所说的粉丝。但这些粉丝从何而来？必须有强劲的流量涌入，经过沉淀才能转化为粉丝。

第二，看内在逻辑，就像刚才提到的引流宝，它是高度集成的。有句话说"第一名吃肉，第二名喝汤，第三名喝西北风"。像这样开发了引流宝的科技企业的加入，带来了巨大变革：内容可以转变为产品。传统内容创作如同手工作坊，一次只能完成一类或一种。但随着这类产品的出现，我们可以摆脱对人工的强烈依赖，引入先进技术，实现规模化生产，以低成本达到高效益。

第三，再看它的本质属性，实际上它实现了人、物和服务三张大网的连接。媒介不再仅是信息的传播载体，而已经演变成了一个产业。这与马歇尔·麦克卢汉早期提出的"媒介即信息"理念相比，呈现出了新的效果。我们所谈论的新媒体革命，在某种程度上已经转变为新工业革命。如今所谓的"媒体"概念已远远超出了传统意义，它只是最终呈现出来的效果而已。

因此，传统媒体人被淘汰是必然的。我们仅了解媒体内容的一小部分，对技术、合作和营销却知之甚少。在新媒体或融媒体环境中，"编辑"这个词已被"运营"所取代。这些词汇的变化反映的是理念的转变。

再看刚才《数说 70 年》的例子，它展现的本质属性是互联性。它融合了数字可视化的视频内容，通过精简呈现为短视频形式，符合很多互联网时代的概念，如 immediate（即时的）、intelligent（智能的）、innovative（创新的）和 in service（服务）。这些概念引导我们进入一个新的维度。正如麦克卢汉所说："任何媒介对个人和社会产生的影响，

第二章
从零到一到无穷：短视频创作背后的乌龟、兔子和狼

实际上都源于新的尺度。"我们的任何延伸都需要在实物中引入新的尺度。在当前媒体深度融合的过程中，这个新尺度体现为我们需要建立科学的媒介观，掌握媒介规律，通过变革、演进和融合最终实现创新。媒介本质上是人的延伸：早期报纸延伸了视觉，广播延伸了听觉，电视则同时延伸了视听感官，电子媒介延伸了人的感官，而网络更是延伸了人的心智。

这个层面上，互联网正在颠覆我们对媒体的传统认知，因为它已与我们的内心和心智变化紧密结合。让我们重新审视这个颠覆过程。在传统电子媒介时代，我们有报纸、广播、电视等多个分支。但进入互联网时代后，这些分支似乎消失了。就像我们之前讨论的新"D"一样，我们从"E"（电子）转变为"I"（互联网）。互联网的发展不仅否定了原有的媒体形态，还创造了一种全新的媒体形态——融媒体。这让我们回到前文的第二个假设：你最不想遇见的往往就是你最缺少的。

回想我们刚才的游戏，进入森林时，大家最不想遇到的是拥有力量和勇气的老虎，对吗？实际上，你最不想遇到的可能恰恰是你最缺乏的。在当前媒体深度融合的过程中，我们最缺乏的恰恰是这种力量和勇气。列宁说过："你怕狼，就别到森林里去。"但我想补充一句，如果你是金刚狼，拥有现代技术的实力，你还会害怕狼吗？并不会，因为你比狼还厉害了。

新媒介的降维打击

让我们暂时跳出这些讨论，看看《她》（Her）这部获得2014年第86届奥斯卡最佳原创剧本奖的电影中的猜想与现实。故事讲述了作家西奥多在结束一段感情后，偶然接触到了AI。这个名叫萨曼莎的AI只有声音。西奥多可以通过一种设备与萨曼莎对话。起初他们只是简单交流，但后来萨曼莎与他坠入了爱河。电影中还出现了两个AI在互相对话的片段。今天再来看这部电影，萨曼莎身上包含了当时人们对AI的诸多想象，比如说她知识面很广，可以与西奥多交流沟通并分享观点（类似New Bing）；同时她能帮西奥多写信和写诗（类似Notion AI）；规划日程、行程安排也不在话下……除了扮演工作和生活助理的角色外，最重要的是，她能为西奥多提供情绪价值。

这让我想起北大新闻与传播学院院长陈刚教授。他在2013年发表了一篇文章，预言"电视媒体悲剧时代的到来"。2017年，他又发表文章《智能语音与广播媒体悲剧时代的到来》，预言了广播的命运。他指出，智能语音产品将带来内容的语音化、语言交互的智能化，以及伴随的语音数字服务和生活服务，从而揭开广播媒体的悲剧时代。

有一个观点给我留下了深刻印象：他认为传统媒体如广播与互联网技术产品根本不在一个维度上。互联网产品在发展过程中专注于技

第二章
从零到一到无穷：短视频创作背后的乌龟、兔子和狼

术可能性、用户需求和市场，根本没把广播当成竞争对手。在互联网产品狂飙突进，推动数字生活空间形成的过程中，互联网产品"顺带"毁了广播。这个"顺带"的概念很有意思，就像《三体》中的二向箔，体现了高维和低维之间的关系，高维度可以轻易兼容低维度。在这个例子中，智能语音技术产品提供的是维度丰富的生活服务，而广播提供的仅仅是单一维度的信息服务，而且有限的内容和单向的传播把用户的需求屏蔽于内容生产逻辑之外。

习近平总书记说："过不了互联网这一关，就过不了长期执政这一关。"作为一名有着多年传统媒体工作经历的媒体人，看到这话的时候，我感觉它就是对传统媒体人说的，因为过不了互联网这一关，也就过不了传统媒体是否能继续活下去的这一关。传统媒体要转型与求生，互联网、融媒体是绕不开的话题。适应媒体融合"新常态"，打造媒体发展新优势，是媒体未来继续得以生存和发展的关键，也应成为当下改革研究的突破口。

我认为传统媒体好比是国道，新媒体好比是高速公路，传统媒体的路要走好，就要修好从各个节点通往高速路的"匝道"。这个匝道，就是让内容"在线"，而且是——"移动在线"。

我现在又关注到北师大喻国明教授的观点。他发表了一个演讲"面向数字文明时代的元宇宙、AIGC和传播革命"，并在2023年1月出版了专著《游戏与元宇宙：数字时代的媒介升维与深度游戏化》。

我对这个题目很感兴趣，虽然还没有完全读完。他的一些金句让我印象深刻。喻教授指出，从互联网到 AI 的发展过程中，我们经历了几个阶段的变化：PC 互联网解决了信息沟或知识沟，让人们在任何时间、地点都能平等地接触信息和知识；移动互联网进一步增加了时间和场景的自由度；而 ChatGPT 的出现，在很大程度上弥补了"能力沟"。尽管所有人都能接触互联网和移动设备，但个人能力的差异仍会导致信息差和知识沟。ChatGPT 凭借其开放、通用、跨界和深度学习的特性，使每个人都有机会拥有一个私人助理，从而有望解决能力差距的问题。

他接着说了一些深刻的见解。他提到了一个概念叫"升维媒介"，意思是这种新媒介与现有的所有媒介都不同，其性质和功能已远远超越了现有媒介。它不仅具备低维度媒体的所有功能，还拥有低维媒介所不具备的全新功能。

听到这里，我不禁冷汗直冒。作为一个传统媒体从业者，我突然意识到自己就像是《三体》中农场主饲养的火鸡。我被困在低维媒介中，无法理解短视频这种更高维媒介所呈现的内容。这种认知让我感到震惊。我曾试图用"爆款"等词来描述它，但现在我明白了，这种关系更像是《三体》中农场主和火鸡的关系。

喻国明教授的观点让我想到他就像一位"火鸡科学家"。他指出，当视频的表达形式不受既定经验逻辑和标准尺度限制时，短视频就有了更大的发展可能。这种可能性建立在第四次工业革命的基础之上，实现了传播权力的巨大下沉和突破。

与需要文字能力的博客、微博时代不同，短视频几乎不需要任何文化基础就能创作。这使得人人都能成为传播者，是对个人的一种赋权，也是互联网最重要的革命之一。

就像我们看到的黄老师，仅仅是在某个地方教孩子唱歌，就能在网络上走红。相比之下，我做了多年的新闻工作，却无法与之相提并论。为什么她能拥有700多万粉丝，而我只有1700多个？这个现实让我牙都要咬碎了。

喻国明教授还提出了一个观点，我目前还难以完全理解。他认为游戏将成为未来社会传播的主流媒介。作为一种"升维媒介"，游戏实际上是一种全要素、全功能的媒介，能够无障碍地整合所有媒介和要素。虽然我现在还无法完全解释这个概念，但我将它记录了下来。也许十年后再看，我们会发现这是一个预言。

如何做好短视频

接下来，我想简单讨论如何制作一部优秀的短视频作品。我向ChatGPT询问了这个问题，它为我解释了短视频的定义和起源。我认为我们可以快速回顾一下这些基础知识。

短视频本身有其特定的含义。它在特定环境下产生，并逐步发展。

它最重要的特点是：时长较短，内容设计得十分精炼和引人入胜，从而在用户的碎片化时间里提供有趣或有价值的内容。"有趣"体现了情绪价值，"有价值"则体现了实用价值。ChatGPT 还举了抖音作为例子，我对此进行了进一步了解。

面对短视频，我们需要做出许多改变。比如，在制作短视频时，最大的挑战是改变我们的惯性思维。这是我在创作过程中的切身体会。我习惯于铺垫、埋伏笔，然后逐步推进，最后达到高潮。我的第一个作品就是这样呈现的。但当我回顾时，我发现这正是传统媒体的思维方式。我是从低维角度去想象用户需求，但用户并不买账。

我们会发现，传统创作的许多元素在短视频中已不再适用。在电视媒体建立的短视频账号上，大多数视频都是剪短了的电视节目，从调性、内容、题材，到样式、音乐、包装，都脱胎于平时制播的电视节目。然而，残酷的事实告诉我们，平台上的受众根本不吃这一套，这些剪短了的电视节目的点击量仅仅是三位数、两位数，甚至一位数。当你试图埋伏笔时，观众可能已经失去耐心；当你展示创作过程和技巧时，观众可能已经滑走；而当你精心设计的高潮还未到来时，整个短视频可能已经成为过眼云烟。这是我认为我们面临的第一个挑战。

那么，我们如何发现和了解用户的真正需求？现今的短视频几乎完全依据用户反馈来分发内容，让用户决定这条视频的"生死"。以抖音为例，它采用了一个多层次的流量池机制。从最初的500个用户，逐步扩大到3000、15000、10万、50万……最终达到3000万，共分8个流量池。如果你的视频在第一个500人的流量池中未能推广出去，即使制作精良，也难以获得关注。

抖音现在使用所谓的"铁粉机制"。在初始500个用户的播放过程中，如果你的视频未能达到特定的完播率、点赞率、转发率、评论率和互动效果，它就不会被进一步推广。这凸显了用户需求与传统广播电视的巨大差异。传统媒体会按计划播出内容，而短视频平台则完全取决于用户反馈。没有反馈，你的内容就无法传播。这是一个重大变革。

那么，内容创作者在面对用户时应该扮演什么角色呢？我将其称为"引导者"。正如我欣赏的主持人马东所说，任何节目内容都应该是"情理之中，意料之外"——简而言之，就是一种反差。用户往往不知道自己不知道什么，只有当你创作出内容，他们才会发现自己喜欢。很多创作者由于一味追随受众的口味，仅仅以自身产品的数据作为创作导向，严重限制了作品的深度和广度。这说明你的产品实际上并没有和用户一起成长，以至于丧失了引导者的地位，用户对你的追随也一并不复存在。

说白了，内容创作者与用户的沟通就像是养成游戏，用户需要持续在内容上汲取自己所缺乏的养分，因此要求创作者必须始终走在用户的前面，来不断提供更有深度的内容帮助用户成长，同时和竞品形成显著的差异性和独创性，来确保用户的忠诚度。这也是为什么垂直化的内容创作者潜力更大的原因，他们的内容往往够深，且有着鲜明的价值取向。我们尊重用户的需求，但不代表我们要受其所局限。我们需要学会激发用户的潜在需求，关键在于深入了解我们的用户：他们在哪里，他们想要什么，他们缺少什么，我们能给他们什么。因此，我们现在创作内容时的思维方式与传统节目制作有了显著不同。

那么我们该如何应对？这是关键问题。在我最近深入研究和实践短视频的过程中，我发现所有的外部表现都与传统方式相反。这正是所谓的高维和低维的区别。传统媒体追求内容的完整性——有开场白，有过程，有高潮，最后是结束语。但现在的短视频本质上是碎片化的。它可能从任何点开始，但开头几秒必须抓住观众，将他们带入营造的环境中。之后的内容往往是随性的。就像"小小花园"，主角可能只是站在那里，镜头从45度角切入，非常随意。只要内容不出格，就可以发布。相比之下，传统媒体更注重仪式感，主持人要精心打扮，保持专业形象。

此外，在当今短视频的制作过程中，我们更加追求所谓的真实性。为什么要追求真实性呢？这与我们在传统传播领域中体验到的职业感有所不同。由于我深深地沉浸在这个新的环境中，我对碎片化、随意性和真实性的新特征感到不适应。传统媒体强调完整度、仪式感和职

第二章
从零到一到无穷:短视频创作背后的乌龟、兔子和狼

业感。作为北京人民广播电台的节目主持人,我出镜时必须保持特定状态,遵循一定的流程。然而,在短视频时代,"主持人"已不再是一个固定的职业,而只是在传播过程中的一个称谓。我们可以称之为创作者、主播或其他,它不再是一个传统意义上的职业。尽管许多人仍将其视为职业,但短视频最根本的特点是真实性。

然而,我也意识到,短视频的内在逻辑与传统媒体有相似之处。例如,它同样非常注重受众反应,只是受众反应的来源和渠道发生了变化。过去我们面对的是听众和观众,现在则是手机上的用户。对精致的追求仍然存在,只是精致的内涵有所改变。此外,从克隆到创新的过程依然存在。作为一个多年的节目制作人,我经历了从模仿他人到形成自己风格的过程。虽然现在的克隆和创新方式与过去不同,但这种追求本质上是相同的。

我曾经与一位短视频领域的专家交流,他分享了一个简单的方法:找到10个对标账号,从每个账号中选出最受欢迎的5个内容,这样就有了50个选题。按照这些成功案例来创作,就能轻松地产生内容。这本质上仍是一个从克隆到创新的过程。回到本文的主题,在我们讨论了这么多之后,我们需要思考:什么才是我们应该追求的不变的内核?

虽然我在形式上无法给大家提供建议,但在内容方面,我想分享我早期关于核心竞争力的研究。当时我对36位同事进行了调查,使用

了行为事件访谈法,最终建立了一个模型。这个模型旨在强化我们成为广播或电视节目主持人的过程中,那些独一无二、不可复制、难以模仿和超越的核心能力,也就是核心竞争力。最后得出的结果既在我的意料之中,又有些出乎意料。

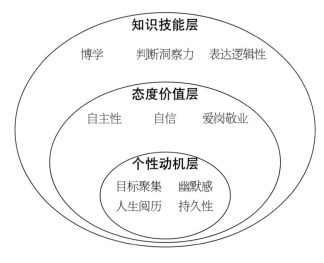

主持人核心竞争力

结果显示,核心竞争力由三个主要方面构成:人生阅历、持久性和目标聚焦。绩优组和普通组之间差异最大的就是这三个方面。人生阅历代表着一个人阅尽沧桑、看透世间百态后的沉淀素养和修为。持久性体现为坚韧不拔、坚持不懈和锲而不舍的职业精神。目标聚焦则是对这个职业终身价值的认同。这三个方面在当今短视频创作中仍然至关重要。

以黄老师为例,她的人生阅历就是她的人设——一个幼儿园老师。她持续创作幼儿园老师相关的内容,而她的目标很简单,就是表达对自己职业的热爱。这些元素在短视频创作中依然适用。

最后,我想强调的是,优秀的短视频创作实际上与短视频本身关系不大。关键在于短视频之外的东西——你的人生阅历。找准自己的赛道并在其中扎根,坚持努力,这些都与我们今天讨论的内容息息相关。"汝果欲学诗,工夫在诗外",当你把这些做好了,自然而然就能创作出优质的短视频。

信息无处不在、无所不及、无人不用,舆论生态、媒体格局和传播方式也发生了深刻变化。新闻舆论工作正面临新的挑战。这要求我们针对媒体发展变化,自觉更新理念,积极行动,以赢得全媒体时代传播领域的主动权。这实际上是要求我们给自己"升维",这个过程确实很痛苦。

尼葛洛庞帝曾预言,在数字化生活中,实时广播(广义上的)将变得罕见。他指出:"可能除了体育比赛和选举等少数例外之外,科技的发展方向是未来的电视和广播信号都将采用非同步传输的方式,不是变成点播式的,就是利用'广捕'(broadcatching)方式。"现在,我们获取信息的方式是否都是点播式的?很多人没有深入思考广播的本质。我认为,广播的理念是要进一步丰富我们的内容,包括人生阅历在内的一切。这是我对广播的理解。在融合的大趋势中,我们经历了从广播到窄播,再到单播的过程。如今,我们需要重新定义传播者的身份——不再是传统意义上的广播员,而是要成为一个"广播者"。这是我提出的新理念,在此不再赘述。

从乌龟到兔子再到狼

本文开头我们提出三个假设:首先,对你最重要的往往是最先被放弃的,这恰恰体现了坚韧不屈、坚持不懈、锲而不舍的职业精神;其次,你最不想遇见的往往是你最缺少的,这可能是对职业终身价值的认同,也是持续驱动力的来源;最后,最危险也是最强大的敌人其实就是你自己。"你自己"指的是什么?就是那个阅尽人生沧桑,看透世间百态后,沉淀着素养和修为的你。

我突然发现,乌龟、兔子和狼与这三个概念完美契合。例如,对你最重要的往往最先被放弃,是否可能就是背负重壳的乌龟?你最不想遇见的,也是你最缺乏的,恰恰是狼对乌龟和兔子的降维打击。我们对"狼性"的理解存在很大不足,需要逐步升级思维,才能应对短视频等新媒体带来的挑战。

我又向 ChatGPT 询问,这个概念能否与中国传统哲学结合,解释从零到一到无穷大?它回答说,《易经》作为一部涵盖哲学、道德、自然科学和社会科学的综合性著作,就包含了这一概念。零为

第二章
从零到一到无穷:短视频创作背后的乌龟、兔子和狼

阴,一为阳,从无极到太极,太极生两仪,两仪生四象,四象生八卦,最终衍生万物——即无穷大。这个从零到一到无穷大的过程,可以理解为一种自我提升和超越的旅程。

从这个视角来看,我们可以将短视频创作的过程比作从"乌龟"到"狼"的转变。

起初,我们如同乌龟,这代表着创作初期的艰难和惰性。在短视频创作的早期阶段,进展缓慢,我们需要大量时间学习技术、理解观众需求、寻找自己的风格。

当我们从零到一实现突破时,就像是兔子开始奔跑。这在短视频创作中可能意味着找到了自己的定位,或某个视频获得了大量观看和分享——这不就是所谓的"爆款"吗?

最后,我们逐渐形成"狼性",象征着不断进步和发展。创作者在初步成功后,持续提升技术、创新内容、扩大影响力,就像狼在猎场上不断提升捕猎技巧,最终成为短视频领域的"狼"。

作为传统媒体从业者,我虽然尚未完全跳出传统思维,但在这些年的"升维"过程中,我依然认为我们需要生产一流的、现象级的内容。值得注意的是,短视频中高流量并不等同于最佳内容,但它给了我们启示。我们应研究这些现象,让短视频更好地为我们所用。

对于广播的概念,我们正在实现"广播者"的理念。我们已进入

新的"I时代"——从传统的"I时代"也就是"Internet时代"转向以"我"（I）为中心的时代。在这个新时代，个人存在的重要性不断凸显。进入"I时代"后，原有的触角消失，呈现出全新的状态，最终彰显的是"我"的存在。

融媒体时代的变迁

第三章

如何从 0 到 1 打造月销百万的商业 IP 典范

　　运营新媒体时，三个月和六个月是两个重要的"生死关"，如果想要在上亿的创作者中突围，难度就更大。

　　那么，如何在这场激烈的竞争中脱颖而出？本章深入探讨了新媒体运营的核心问题和成功策略，作者总结了三大制胜法宝：选择正确方向、建立运营体系、追求极致细节。需要强调打造 IP 的重要性，一个好的 IP 是一种持久的商业资产。同时，我们也需要注意新媒体用户偏好和娱乐化趋势带来的挑战。

　　通过对"意公子"等成功案例的分析，本章展示了如何在新媒体领域实现突破。善用工具、学习数据分析、保持战略定力，我们终能在新媒体的汪洋大海中找到属于自己的一片天地。

王薇

- 二十年互联网媒体人，原新浪新闻副总编，成功打造百万级微博大V，负责各部委和央企的短视频和社交媒体培训。
- 目前主要专注短视频IP打造、虚拟主播IP孵化及内容电商运营，成功孵化全网千万粉丝IP，打造玩具垂类第一名IP爱迪生小姐，为快销过亿产品宅猫日记打造IP，成功打造千万级销售额的垂类直播间。
- 运用五步IP心法，擅长从0到1孵化创始人、企业家个人IP账号。

第三章
如何从 0 到 1 打造月销百万的商业 IP 典范

你是否想过开通任何一家平台的新媒体账号？

你是否认真运营这些账号，把它当作自己的事业或副业来做？

你是为自己的公司或企业运营新媒体账号，还是运营属于自己的账号？

你是自己一个人运营，还是有团队在运营？

这些问题，也许某些你能回答得出来，也许某些使你难以抉择。

让我们来画两条线。第一条是时间线，因为时间是最宝贵的资源。经济学的第一原理就是人要学会权衡和取舍，你花在这里的时间就无法用在别处。所以，这是一条时间的长河。无论我们做什么，都要把自己置于这条时间长河中来思考。

第二条线代表我们在这个过程中积累的收益或收获。在运营一个账号时，我们可以画出一条线，呈现出类似人生的起起落落。如果是亲自运营，状态可能是这样：今天好，明天差，后天又好，如此反复。如果是团队运营，就能总结出一些规律。

一个账号的存活期通常有两个关键节点：三个月和六个月。大约在三个月时，一半人会退出；到六个月时，又有一半会放弃。因此，能坚持到最后、进入短视频赛道的人寥寥无几。

这个过程中最难熬的是"崩溃点"。我刚才提到的三个月或六个月就是这样的节点。为什么说账号难做？就是因为这个崩溃点。这是你或你的企业对这件事忍耐的极限。

以抖音为例，它有多少账号呢？根据第三方数据预估，2023年抖音的日活用户约为7.6亿，其中有2亿创作者，每天生产1亿条内容。

我们能看到多少？大约2500万条。在这2500万条信息中，当你偶然刷到某一条时，你会有多大概率为它停留并买单？

难就难在这里。2023年初，抖音2亿创作者中，粉丝过亿的账号只有三个：《人民日报》、央视新闻和小杨哥。

5000万粉丝的账号18个，1000万的900个，500万的3000个，100万的不到50万个。

可以说，百万粉丝账号的诞生率非常低。

当优势成为负担

我的整个学业和职业生涯都在海淀。作为海淀某大学新闻系的毕业生，我是很早就学习新闻专业的一批人。2000年至2003年，我在海淀区的理想国际大厦工作。

海淀区万泉庄这个小区域里，诞生了中国互联网的知名企业——新浪。我在新浪工作近15年，经历了许多起起落落。幸运的是，我享受到了互联网的红利。

后来，我赶上了中关村的创业热潮。2019年，我拿到风投开始做短视频创业，虽然已经有些晚了。2020年时，我们做出了几个百万粉丝的大号，当时还能做得起这样的账号。但到了2021年和

2023 年,情况变得更加困难。尽管如此,我们仍然能在一个月内做到 10 万粉丝,虽然这个成绩也越来越难达到了。总的来说,我们确实抓住了一些直播带来的红利。

我想提醒大家,尤其是创始人,注意两个关键点:第一,我们过去的优势在新媒体领域可能成为负担,下面我将详细探讨这个问题及其解决方案;第二,我们要认清一个事实——作为新媒体用户,从年龄上看你可能不再是互联网生态的核心群体。以抖音为例,其最优质用户群的年龄是 31 至 40 岁。显而易见,这个年龄段对女性而言,正对应宝妈群体,因此具有极高的商业价值。

从整体来看,视频号用户比抖音用户平均年长约 10 岁。换言之,如果你的目标是 50 岁左右的用户群,相对而言,你在视频号上更容易获取用户。当然,需要注意的是,视频号属于私域,而抖音属于公域,这一区别也很重要。

在新媒体领域,我们团队面临一个重要警示:我们与正在崛起的年轻用户之间存在着代际差异。这是一个非常严峻的问题,涉及我们是否能够运用互联网语言来做新媒体。许多人常常感到困惑:为什么我如此专业、优秀、知识丰富,账号却不涨粉?其原因可能在于你的年龄、话语方式、表情包使用与新媒体新生代之间存在着代沟。

另一个值得我们思考的是娱乐行为。作为文化产业从业者,我们内心深处都怀有一种崇高感,也继承了精英文化基因,尤其是那些受过高等教育的人。然而，在互联网媒体，特别是新媒体环境下，娱乐化已成为当前的主流趋势。

什么是娱乐化？以抖音为例，它的口号是什么？"记录美好生活"。你的内容是在记录美好生活，还是在教育大家什么是好的？内容娱乐化是我们在新媒体领域不得不面对的现实。

众所周知，2023年人们广泛讨论AI和ChatGPT。许多人认为，如果AI真的诞生了，那些曾经只在电影中出现的场景就会成为现实。许多高校教师和程序员都感到紧张，互联网行业也确实出现降本增效的趋势。

对每个人来说，重视AI都是必要的。它确实正存在于我们身边，而且与新媒体紧密相连。

新媒体运营策略

上文提到了突破点，接下来，我想分享一些方法，帮助我们将这个点向上提升，使其成为我们克服极限的关键。这些就是我们在新媒体领域应用的策略。

首要的是选择方向。无论你是想创建一个个人账号还是为企业打造新媒体账号，选择正确的方向都是最关键的。很多人可能会问：现在进入这个领域还有机会吗？

以抖音为例，2024年它的日活用户已经达到8.5亿，增长趋于平缓。

第三章
如何从 0 到 1 打造月销百万的商业 IP 典范

正因如此，平台引入了"铁粉"机制。在运营账号时，激活 1000 个铁粉就足够了。为什么？因为新用户增长停滞，流量变得异常昂贵。

还有个关键词是体系。无论是运营个人账号还是企业新媒体，请牢记：体系至关重要。希望我的分享能帮助大家梳理出自己的运营策略，至少在内容创作和体系建立方面提供启发。当然，构建体系需要时间。

什么是体系？它是你总结出的一套方法论。媒体运营最强大之处在于其可复制性。企业成功的关键同样在于此。如果某个策略无法复制，就难以实现规模化。因此，寻找可复制的方法至关重要。

如何跨越周期？答案就是刚才谈到的两点：选对方向；建立体系。那么，制胜的法宝是什么？是对细节的极致追求。以上三点分析如下。

第一，无论是创建个人账号还是为企业打造新媒体，正确的方向占据成功的 51%。为什么选择方向如此困难？因为选择太多，优质资源很丰富。如果方向选择不当，在新媒体大军中竞争中，就很容易落败。因此，方向至关重要。

第二，必须建立自己的体系。作为创始人，若要为公司创建一个账号，必须明确其目的。这不仅仅是创建账号的问题，还关乎它在整个企业布局中的作用，是一个系统性问题。如果你真正重视此事，却仅让一名实习生负责，那么这个账号很可能难以成功。往往你认为应该被传播的内容，实际上并非用户和客户想看到的。这种做法其实是自我陶醉。

第三，追求极致细节。你是否真正全心投入精力和资源来做这件事？特别是在2‰的成功率的情况下，你真的投入了足够的精力吗？用户都在新媒体平台上，你真的要选择视而不见，放弃尝试，继续停留在传统媒体上吗？

时代的发展告诉我们，用户就在这里，我们该如何应对？请记住这三点：确定方向、构建体系、追求极致细节。我们下面讨论的成功案例都将印证这一点。

在智能时代，每个企业和个人都需要树立IP思维。什么是IP？IP是独特且独有的。为什么IP如此重要？为什么要打造IP呢？

本质上IP有三种：你、你的企业或产品的IP。以雷军和小米为例，小米本身是IP，雷军作为代言人也是IP。董明珠是IP吗？是的。如果IP足够强大，它会给企业带来显著效益。

并非每个创始人都能成为IP，这是一项艰难的任务。那么，为什么要打造IP呢？因为IP是一种资产，而且它是稳固的。虽然这是把双刃剑，但如果创始人本身就是IP，它的影响力就无法轻易消失。以樊登为例，他是一个强大的IP，能够孵化其他小IP。关键在于拥有一个持久、有价值的特点，让人记住你。

当我们在抖音、视频号或其他平台创建账号时，粉丝数量实际上定义了一个好的IP。但这里有个问题：一个拥有1000万粉丝的账号和一个拥有 5 万粉丝的账号，哪个更有价值？没有具体条件，这个问题难以回答。因为即使是 1000 万粉丝的账号，如果不能变现，对商业 IP 来说也没有价值。然而，不变现又会引发焦虑。

大家要意识到，各平台提供的工具已经足够使用，用户不必额外花钱购买其他工具。以抖音为例，大家可以关注几个关键工具：热点宝、巨量算数和巨量引擎。作为领导或创始人，即使不亲自操作，也要了解这些工具。利用平台后台，分析目标账号的数据、粉丝黏性和构成，就能评估账号的真实价值。这一点至关重要，一定要去深入了解。

解决两秒跳出率

以"意公子"为例，这个账号在 2023 年 2 月开始爆红。实际上，从 2022 年起，这个账号的一些关于苏东坡的爆款内容，就开始在朋友圈传播。观察这个账号的发展历程，就能得到一些启发。首先，这个账号经历了漫长的时间周期。她的第一条内容于 2013 年发布在微信公众号上。2013 年的公众号虽然还有一些红利，但已不是最佳时机。

有人可能会问，她是不是一开始就选择了文化类的选题？其实不是。作为创业者应该知道，方向是需要不断调整和修正的。

2013 年，她的项目名为"意外艺术"，最初的形象是画廊里一位妆容精致的讲解员。回头再来看她现在的形象，你会发现她的服装等统一采用了标志性的绿色。

她给人的整体感觉非常舒适,虽不是传统意义上的大美女,但很有魅力。这不是明星式的美,而是一种让人感到舒服的气质。无论男性还是女性都会欣赏她,因为她不显得妖艳,整体形象和谐自然,妆容淡雅,给人一种朴素而亲和的印象。

2013年开始做"意外艺术"时,她的形象与现在截然不同:穿着高跟鞋,涂着口红,手持红酒杯,在艺术馆里做讲解。这样的内容持续做了4年,却未能引起关注。即使获得了投资,仍然不够。面临转型困境,团队不断调整,最终找到了突破口。

第一个爆红的视频是娱乐化的内容,与艺术无关,而是"古人如何优雅地上厕所"。这可能让一些人感到不适。为什么高雅艺术在短视频平台上不受欢迎,而一个娱乐视频却能走红?

年轻人可能不以为意,但对有着严肃新闻背景的人来说,理想中平台应该传播的是高雅知识,不是吗?然而,我们的用户究竟在看什么?我们必须设身处地地从用户的视角来思考。

在短短一秒钟内,用户要从2亿创作者制作的2500条视频中做出选择。当他们滑到你的视频时,他们想要什么?是想听教诲吗?是想获取知识吗?不,他们想要的是放松。

当我们回归初心,思考用户时间的本质时,应该问自己:当你在闲暇时光躺在床上,或是刚哄完孩子将要入睡的时候刷到视频时,你真正想得到什么？

这个问题至关重要：你是真的想要被说教吗？你是真的渴望获取知识吗？还是想要别的什么？作为一个企业的创始人，你真的希望用户在那一瞬间获得什么？

以"意公子"为例，她给观众带来了什么？首先，是获得感。她的内容能瞬间打动我们。这又让我们回到了用户时间的话题。用户时间不仅关乎你我，也关乎平台。

回想2018年，我们还能给用户七秒钟来做出选择。那时内容不多，用户有更多时间来决定是看一个老师的视频，还是看农民伯伯唱歌的视频。

而今天，这个决定时间缩短到了一秒。用户要在这一秒中做出判断，残酷但真实。抖音的核心逻辑就是"两秒跳出率"。如果你无法在两秒内留住用户，就无法进入下一个流量池。这就是为什么我强调要追求极致方法，这不是玄学，而是实打实的数据决定的。

平台的底层逻辑就是争夺用户的宝贵时间。如果你能留住用户两秒，平台就会给你五秒的机会，让用户选择是继续看你的内容，还是切换到其他创作者的视频。如果在这五秒内你能留住用户，你就能进入更大的流量池。这就是所有平台推送机制的底层逻辑。

因此，在做短视频时，无论是什么类型，你都必须首先解决"两秒跳出率"的问题。这是关键——如果你解决不了这个问题，你就没有机会，即使你的内容质量很高。比如一分钟的视频，希望观众能有耐心看完前15秒，后面45秒会带来很棒的体验。但事实是，用户只在你这里花一秒钟来做决定。如果在两秒内你留不住用户，他们就不可能看完后面的内容。所以，无论如何，先解决这个两秒跳出率的问题。

找到爆款，并重复它

说回"意公子"，她的爆款是什么？她突然发现"古人"这个主题很吸引人。她找了很多年，找到了苏东坡。最火的一条视频点赞数破百万，非常高。其他的内容大多也是关于苏东坡的。

所以，如果你要做一个视频号或抖音号，请记住这句话：找爆款。不要去做那些杂乱无章的内容，一定要找到适合你的爆款。记住，爆款不是你说了算，而是平台用户投票决定的。这很残酷，但你必须了解这个底层逻辑。

什么是爆款？就是在你持续发布内容的过程中，突然有一条视频特别受欢迎。不要问为什么，一旦这条内容火了，请连续制作10条类似的。这个方法听起来很简单，但这是人们经历了无数失败才总结出来的。这句话虽然简单，但如果你照着做，一定能成功。

10条之后，如果流量下降，就要及时调整。以"意公子"为例，她在细节上的极致追求令人印象深刻。你注意到她使用的绿色背景了吗？那是经过精心设计的。为什么她坚持这个风格？这是品牌文化的

第三章
如何从 0 到 1 打造月销百万的商业 IP 典范

体现。再比如，她为什么不涂口红？涂或是不涂口红，哪个更好？这些看似简单的决定，其实都是精心考虑的结果。你认为"意公子"的团队会讨论这些细节吗？毫无疑问，他们会。这些细节至关重要。

在这个行业，数据为王。如果数据显示涂口红的效果不佳，团队就会做出相应调整。这不是随意的决定，而是基于严谨的数据分析和细致的观察。特别是对于以此为生的团队和企业来说，甚至对政府运营的账号而言，这都是至关重要的。我们不能仅仅相信自己的眼睛，而要相信数据，且必须仔细分析这些数据。

还有一个值得注意的策略：一个美女以素颜的形象讲述艺术和富有情感的故事，这种娓娓道来的风格在当时并不常见。尽管现在我们觉得这种风格很普遍，东方风格似乎流行起来了。因此，无论你是领导还是创始人，如果你真的想运营一个成功的账号，我的建议是：可以从小处着手，但一定要精明谨慎。创建一个成功的账号并非易事，不要低估它。所有的成功都是通过精心设计的内容和细节积累而成的。这就是"意公子"的成功之道。

让我们再看一个例子：北大的刘媛媛。你在她的直播间购买过东西吗？她的目标群体是宝妈，产品定价较低。早期她主要销售图书，现在转向日用品。这些日用品价格低廉，性价比高，因此在三、四线城市很受欢迎，同时一线、二线城市的用户也会购买。

那么，作为专业人士，我们该如何看待这样的账号呢？新媒体内容是由极致细节堆砌而成的。以刘媛媛的1500条视频为例，我们该如何分析？是从头看起，还是从最新的看起？大家通常会怎么看？

你可能会选择高点赞量的视频来分析，很好，方法是对的。接下来将讨论一个专业人士如何正确地分析一个新媒体账号。当你今晚刷短视频时，你会发现自己的视角完全不同了。你的眼睛仿佛突然被点亮，懂得了如何真正地看待一个账号。

首先，我们要看什么？看她的第一条视频。为什么？因为这能让你了解她是如何走红的。虽然这条视频有可能被隐藏了，但你仍能看到她的起点，这有助于你形成准确的判断。

很多人看到别人的账号时，往往觉得自己也能做到同样的事。但是当你找到一个你认为可以对标的账号时，它可能并不真的适合你。所以，一定要看它的第一条视频。通常，成功的博主不会删除第一条视频，因为无论数据好坏，它代表了自己的成长历程。看看第一条视频发布的内容，给自己一个参考点。比如，有些博主的第一条视频是关于读书的。

如果第一条视频不火，这说明什么？这是很正常的现象。如果我们刚开始发布一条视频，它会火吗？大概率不会。即使是拥有千万粉丝的账号，它们的第一条视频也可能不火。所以，不要抱有一入场就会成功的幻想。先假设成功是不可能的，这是第一点。

接下来，查看它的第一个里程碑。里程碑可能是获得一万粉丝、十万粉丝或百万粉丝。具体来说，里程碑通常是指第一个获得百万点赞的视频。

找到那一条视频，看看它与第一条视频有什么不同。这样你就能了解那些拥有百万、千万粉丝的博主们都经历了什么。就像刚才说的意公子，当你想创建一个像意公子那样的账号时，不要只模仿你看到的意公子，而是要了解意公子背后经历的所有过程。因此，你一定要在账号里寻找蛛丝马迹，找出对标这个账号的切入点是什么。看它的第一个爆款，你会惊喜地发现，一旦某个内容爆火了，它会连续制作 10 条类似的视频。这不是随口说的，而是总结出来的规律。

粉丝是怎么增长的？粉丝增长往往是突然的，遵循典型的二八法则——八条普通视频，两条爆款视频。不是每天稳定增长 5 万粉丝，而是突然间暴涨几万甚至几十万粉丝。

所以，最重要的是在数据层面找到那个爆款。如果你找不到爆款，这个账号就只能靠时间积累，很难快速成长。这就是为什么要仔细研究一个账号。当你分析你的对标账号时，要找到它的里程碑，也要找到属于你的里程碑是什么。

然后分析文本。如果某条视频是爆款，就找出这条爆款视频的文本，仔细分析。分析什么？分析两秒跳出率，为什么观众不会在前两秒就离开？他说了什么？第五秒，为什么观众还没离开？为什么能完整播放？他说了什么？你能否借鉴？完播率背后的内容是什么？

这时可以我们总结出一个关键点，叫作"瞬间感动"。

大家可以感受一下，一条好的内容、一个 IP、一个好的创意，最终给你的是心灵的激荡——那个瞬间感动。如果没有这种感觉，你不会点赞，不会留言，因为你没那个时间。但当内容瞬间感动了你，可能让你哭泣或大笑，你就会发自内心地点赞。正是这一个赞让内容进入了下一个流量池。所以，我们做内容时追求的就是那个瞬间感动。

瞬间感动是什么？它是意料之外，情理之中。大家一定要去体会这个"意料之外，情理之中"。那就是你心里的那个点，是你的获得感。如果你的内容做到了这八个字，你一定能创造爆款。你去看所有的爆款，都是意料之外的。

流量密码——真实感

再让我们看看王芳的案例。王芳是北京电视台的主持人，她转型成主播的经历非常成功。她长期坐拥图书销售类主播的头把交椅，月销售额一度过亿元，非常厉害。她的账号是自然增长的，不是靠投放的。这里说的不是她账号现在也没有投放，而是之前起步的时候没有投放。现在打造一个账号通常需要投放，但王芳的账号是自然增长的。那么，怎么判断一个账号是自然增长的呢？

这里分享一个技巧：观察账号的赞粉比。如果有人声称自己的账号没有投放广告，但赞粉比不符合预期，就可以断定该账号是通过投放获得的。健康的赞粉比约为 10:1，即十个赞涨一个粉。任何账号都可以用这个标准来衡量。

王芳的账号早期靠内容起家。但她的内容与我们想象中的可能有很大差异。作为一个主持人，她的内容风格可能让人意外。比如，刚才有人提到意公子的内容非常精良，还有团队支持。那么王芳呢？她已经是月销过亿元的主播了，你觉得她有团队吗？她拍摄的内容看起来似乎很简单，就像随手给女儿录的视频一样。

这恰恰是抖音上一个有趣的现象：专业团队制作的内容反而给人一种日常感，让你觉得自己也能拍出来。但实际上，每个细节都经过精心设计，否则不可能保持如此低的两秒跳出率。

让我们分析王芳的视频文本。她的第一条视频发布于抖音刚兴起时。作为北京电视台的知名主持人，你觉得她在短视频中会涂口红吗？答案是不涂。这并不是说她完全不化妆，而是不会涂出明显的口红效果，至今王芳的直播中也都不会涂艳丽的口红。

为什么？因为她的主要用户群是宝妈。一个看起来没有那么精致、更接地气、像邻家大姐一样亲切又励志的人，会更容易让人愿意购买她推荐的产品。这就是我所说的"瞬间判断"，不需要理性思考。观众在一秒内就会做出判断，没有时间去分析王芳是否涂了口红，但她给人的感觉就是舒服。这正是精心设计的结果，每个细节都是经过深思熟虑的。

作为一个主持人，王芳应该在观众面前展现她的美丽还是她的尴尬呢？通常，我们不会看到主持人的尴尬一面。你可能会认为她应该穿着高跟鞋，展现她的美。

但新媒体平台不同。想象一下，王芳作为一个主持人，内心会有多大的挣扎。你觉得她愿意在多大程度上展现真实的自己？因为我们在观察她，我们可能觉得这很简单，但你认为她内心没有斗争吗？你觉得她的粉丝看到这样的她会有什么想法？

我们每个人都有偶像包袱，况且她还是一个著名主持人。所以，当你想做新媒体时，要记住一句话：你的优势可能会变成你的包袱。

假设我是王芳，一个貌美如花的主持人，我会想在观众面前展现一个精致、干练、美丽的形象。我能这样做短视频吗？当然可以，但数据会说明一切。

请不要用道德标准或不屑的态度来评判这类视频。我们不应以传统精英的视角去评判，认为这些视频俗气。我们应该思考：她是否有文化内涵？她是否传播正能量？她不伪装自己，而是在展现真实的一面，不是吗？

想想主持人的工作：寒冬中在舞台上展现自我，身材娇小所以要整天穿高跟鞋站立。但如果她不以这种形象出现，观众会怎么看？我们普通人会怎么看？我们看到的仍然只是表面。

新媒体的流量密码是什么？真实感。你要么极致美丽，要么极致丑陋。如果两者都不是，就做真实的自己。把真实的你发挥到极致。比如，如果你是历史爱好者，就专注于此，不要什么都做。先专注一个领域，然后再扩展。

再说王芳的例子。她发现只要女儿露面，就能获得很多点赞。你觉得她会让女儿出镜吗？会的。这样做可以明显提高流量。所以她卖童书是水到渠成的，并非刻意设计。这个账号很有趣，通过分析能看出它成功的原因和方向选择。

王芳选择了一个巨大的赛道——母婴赛道。为什么？因为她80%的用户是31到40岁的女性。商业变现主要有三种路径：广告、电商和直播。所以要根据用户群体来制定商业内容。

再看一个优秀的文化博主——江南春。他有一条爆火的视频，里面展示了他很可爱的房间，装修很简单，没有挂画。他坦言没有欣赏能力，也没买过画，所以随意布置。装修都是他妈妈的主意，她喜欢怎么装就怎么装，这样江南春也省事，不用做选择。大家觉得那条视频是精心设计的还是随意拍摄的？其实是精心设计的。

江南春的账号拥有与他影响力不匹配的粉丝数。这个账号并不算成功，尽管江南春本人的影响力和能量都很高。这说明，在新媒体平台上，你的优势反而可能成为包袱。

江老师在短视频方面很勤奋，发布了1695条视频。他的粉丝数是48万，获赞量是242.3万，赞粉比约为5:1（截至2024年11月）。通常，赞粉比如果达到 10:1，说明账号几乎没有投放广告。江老师的账号赞粉比是 5:1，这表明他肯定进行了投放。

以他这么大的体量和影响力来看，这个账号不是特别的成功。

这里我们需要反思的一点是，江南春那条播放量很高的视频其实是个例外。总体来看，他的视频播放量并不高。作为一个如此有影响力的人，他也需要展现日常生活，让普通人感觉能够接近他，与他产生共鸣，而不是做一个高高在上的知识传播者。

要特别警惕一点：很多人来自精英媒体，习惯于把自己定位为知识传播者。他们内心有这样的使命感，认为传播知识是他们的责任，不传播知识就辜负了人生价值。但在新媒体平台上，不用新媒体的语言来传播知识，实在是可惜。江老师的大部分视频仍然以知识输出为主，可能这导致了他的两秒跳出率很高。他的粉丝数已经说明了这个问题。

现在是个特别公平的时代。我们曾经有的权威现在依然存在，但情况已经不同了。

想象一下，你和一个农民伯伯同时发布一条视频。当这两条视频出现在用户面前时，用户只有一秒钟的"审判权"。就是这么残酷。如果你的两秒完播率不如农民伯伯的好，你就输了。这与你付出的努力、你读过的大学、你读过的万卷书都无关。

插入一个小细节，在抖音上，大家要注意：亮色容易吸引人，让人停留；暗色则容易让人滑走，尤其是黑色。这些都是细节的效果。

再说说张琦的账号。2022 年,张琦成为了全网博主中的一匹黑马。很多人都在评论这位张老师,说她有什么特别的?长相出众吗?并不是,她给人的感觉更像个男孩子。那么,她的流量密码是什么呢?在抖音上,女性博主的流量密码之一是"飒爽"——就是给人一种特别飒的感觉,这种类型的账号流量都很高。

其实,意公子也有这种特质,她虽然表面上看起来比较温柔,但骨子里有一种特别的劲儿。你会发现,那些给人一种说不出来的"飒"的感觉的女博主都容易走红。不是说长得漂亮的才行,因为漂亮的太多了。反而是那些不常见、有点反常的特质成了流量密码,这是第一点。第二点是"说人话"。张琦和江老师形成了很大的反差,就是同样的内容,你会觉得她说得既出乎意料又在情理之中。她说的就是你想说却说不出来的话,她说到了点子上,还给了你获得感。

你可以看看她的视频,就是这样的效果。当然,这些成功网红的团队用的是矩阵打法,这种商业操作是另一套体系。但我只给大家分析内容。如果你要做账号,你该怎么看待这些内容呢?

在运营账号时,我们最应该关注的是什么呢?是否能把我的脸 P 得更瘦一些?是否能修饰一下皮肤,涂上口红?一切都要美美的,这不是流量密码,反而是流量的杀手。

我们要关注的是赞粉比。为什么我要强调这一点?在当前这个用户时间紧俏、流量稀缺的时期,抖音和视频号平台都很难获得自然流量。

因此，如果你要运营账号，需要在前期投入一些预算。你可以观察一下，现在很难看到赞粉比达到 10:1 的账号。如果有，那一定是娱乐类账号。对于垂直类账号来说，不投入就很难做起来。无论是谁在运营，都要对此有清晰的认识。

我们分析以上这些案例，目的是什么？我们要以冷静客观的态度去了解一个内容是如何被创造出来的。在我们自己运营账号时，也要保持这种客观冷静的态度，不要抱有不切实际的幻想，不要认为不投入就能做出成绩。我们必须找到合适的对标账号，找到那些已经成功的案例。

有不少人，尤其是精英，最厌恶抄袭和模仿，最喜欢创新。但是，无论你是谁，你的第一步必须回归到小学生的状态，认认真真地去分析这些账号。这里所说的分析，就是在刷抖音时仔细观察你看到了什么，且观察大量的内容。

目前，中国的短视频技术和内容都是全球最先进的。我们国家现在处于领先地位，每天有上亿人在创造全球最顶尖的内容，在这里学习是毋庸置疑的。

IP 打造示例

我来简单介绍一下我做的一个 IP。它是 2021 年一个卖饼干的成功案例，作为新消费品牌，第一年就卖出了 1 亿元。

组建团队时，我们邀请了一些中国顶级媒体人，包括《南方周末》

第三章
如何从 0 到 1 打造月销百万的商业 IP 典范

《人物》杂志等的主编。然而，我们在抖音上的尝试却屡屡失败。为什么？因为曾经的优势在这里成了包袱。这些精英媒体主编心想："我怎么可能做低端短视频？"就像他们无法接受脱下高跟鞋或不涂口红一样。他们虽然嘴上说"没关系，大胆尝试"，心里却是抗拒的。

这个账号很难做。半年过去了，毫无进展。我们不得不解散团队，从头开始。此时，我们开始盘点手头的资源。一位是优秀的情感类主编水木丁，他的公众号写得很好。还有一位内容高手，曾打造过许多热门账号。

两位都是"老人家"——一个 1975 年生，一个 1972 年生。如何用他们来做一个面向年轻人的二次元账号？这是我们面临的挑战。你的企业基因、你的合伙人就是这样，该怎么办？

我们决定从数据出发。首先，选题必须由年轻人来做。不要自以为是，认为自己年长就能把握全局。内容方面要让年轻人与年轻人对话，不要站在前台指手画脚。年轻人发的表情包，你要懂其中的含义。别以为给女儿发个笑脸和太阳就表达了爱，她可能会觉得你在用"姨母笑"讽刺她。

我们如何用年轻人的语言与他们对话？我们不要妄自菲薄，而要清醒地认识自己的优势。王芳也是 70 后，她也能做出成绩。因此，我们一定要有意识地让年轻人参与进来，这是第一点。第二点，我们要思考：有什么是年轻人喜欢，我们也喜欢的？比如美食。年轻人对美食的感觉和我们的感觉应该没有太大差别。

还有一个共同的主题是什么？情感。年轻人有爱，我们也有爱，情感是共通的。所以在策划这个账号时，我们既要保留我们优秀主编的专业性，又要吸引年轻用户。因此，我们选择了用美食来表达情感的账号主题。如果你也想做类似的尝试，也要好好思考自己的优势。

独自用餐已成为年轻人的常态，尤其是在独生子女众多的今天。我们有一条视频获得了百万点赞，主题是"一个人吃饭并不可耻"，这个话题很好地切中了年轻女性的心理。

总结一下，如果你想打造一个 IP 或自媒体，有三点需要特别注意：

第一，不要自嗨。要用数据说话，认真研究数据背后的含义；

第二，保持专注。我们每个人都有很多特点，可以做的内容太多了。但一定要找到最能体现你独特性的垂直领域，用它作为突破口；避免平淡无奇，没有特色。

第三，要有槽点。最好不要怕被别人吐槽。好的选题，都是不自嗨、极致专注、非常有特点的。

我也建议大家去找对标账号，包括文化资源、企业资源和科技强区的对标账号。这是我在微博时代就在做的。我们做的第一个部委微博是中华人民共和国外交部的。大家能想象我们当时需要多大的魄力来做这件事吗？它最初的名字不是"外交部"，而是"外交小灵通"，这个名字非常贴切。

"国资小新"是国务院国资委做的,这也是我当时和领导商讨的结果。领导下定决心要做新媒体,顶着巨大的压力,给账号起名叫"国资小新"。因为它是国务院国资委,要为一百多家企业发布新闻。

总之,有很多委办局都开通了账号,这在当时非常轰动。为什么?因为用户和流量都在这里,政府需要抓住这个阵地。

微博时代的政务发布

总结

最后再回到那三点。如果大家想做新媒体,第一点就是一定要选好方向。要在一个大的赛道里找到一个垂直点,然后把它做到极致。这个点必须是自身独有的、极致的。所有的精力都要集中在这一点上,先把它打造出来。在互联网上,有一个"二八法则":只要你做到头部,所有的资源就会向你汇聚。所以,选择正确的方向是第一步。

第二步是建立一个体系。不要认为你只是在运营一个小小的账号,实际上你是在建立一个体系。在这个过程中,你要熬过第一个月、第三个月、第六个月直到一年,逐步建立起你自己的体系和方法论,这将成为你留给团队和企业的宝贵资产。

第三步是追求极致的细节。什么是极致的细节?是涂不涂口红,是否把头发梳好,是否穿高跟鞋等。这些看似微不足道的细节,实际上是对我们的一个终极考验。

如果你做到了这三点,大概率就能成功。此外还有一个"爆款逻辑":如果有一条内容成为爆款,请务必再做好 10 条类似的。

表面上看,我说的这些话每一个字都很普通。但这确实是我花了四年时间,投入上千万元总结出来的,一点都不夸张。如果大家用这样的思维再去看待自己的新媒体内容,我相信眼界会开阔一些,维度会提升一些,也会更加自信。

在这个时代,我们无法脱离流量和用户,我们必须拥抱这些内容。至少我们能够在这个时代有所贡献,或者积极参与其中,在这个新媒体时代体现自己的价值,也体现我们企业的价值。

第四章

数字人和新技术如何赋能新传播

想象一下,在不久的将来,你戴上一副特制眼镜,瞬间就能进入一个绚丽多彩的数字世界!这个世界就是元宇宙,它能让我们的生活方式发生翻天覆地的变化。告别拥挤的通勤,再见漫长的旅途,在元宇宙中,一切都触手可及。

在这个神奇世界里,数字人是主角之一。他们是如何诞生的呢?本章就为我们介绍了数字人技术,它涉及复杂的建模技术、灵活的驱动系统和逼真的渲染效果。虽然目前制作一个数字人的成本还很高,需要专业的技术团队,但这项技术正在飞速发展。

在新媒体时代,数字人技术正在悄然改变我们获取和传播信息的方式。从虚拟主播到数字偶像,数字人的应用场景日益丰富。这项技术不仅为内容创作带来了新的可能性,也正在重塑传统媒体行业的生态格局。那么,数字人技术究竟会为新媒体的发展带来什么?让我们从头说起。

■ 新媒体运营管理

赵天奇

- 聚力维度创始人兼CEO，北京邮电大学博士，清华大学博士后；英特尔、高通AI荣誉技术大使；中国电子协会VRAR分会副秘书长；2011—2015年师从徐大雄院士；2015—2019年师从戴琼海院士。
- 十多年AI影视研发经验，AI领域连续创业者，2012年12月创立北京十二维度科技有限公司，2016年6月创立北京聚力维度科技有限公司。
- 曾获"互联网+"创新创业大赛全国总决赛亚军、中关村文化产业创新人物称号等多项荣誉。

第四章
数字人和新技术如何赋能新传播

"数字人"这个概念近来频繁出现,成为一个热词,与"元宇宙"等词一同引起关注。那么,这些概念与我们的日常生活有没有关系呢?有关系。

让我们思考一个关键问题:元宇宙究竟能否改变我们的现实生活?它是否真正具有价值?作为一名科技从业者,我将首先从技术角度分析元宇宙的意义。元宇宙是一个包罗万象的数字世界,是 3D 互联网,能让每个人进入虚拟世界完成各种任务。但它的价值何在?

我们开发科技的终极目标是服务人类。人类是信息动物,依赖信息的采集和处理。虽然我们有五种感官,但信息来源的分布并不均匀:83% 来自视觉,11% 来自听觉,其他 6% 来自嗅觉、触觉、味觉。视觉和听觉这两种感官占据了绝大部分的信息输入,而它们恰好最容易数字化。

视听感官的易数字化特性使得数字世界的构建变得相对简单。例如,当我们戴上 VR 头盔时,尽管看到的只是屏幕画面,听到的只是耳机声音,但我们很容易将其误认为是现实世界。这就是视听感官数字化的强大之处。

相比之下,触觉的数字化就困难得多。比如,想要模拟抬起一个沉重物体的感觉,在数字虚拟世界中就难以实现。这种差异源于各种感官的物理本质。

既然我们所需的许多信息都可以在数字世界中获取,那么无论是消费还是工作需求,都可以在元宇宙中实现。人类的需求本质上就那么多,而这些需求都可以在虚拟世界中满足。那么，为什么要在虚拟世界中完成这些事呢？原因在于，在数字世界中完成这些任务时，空间成本和实际成本会大幅降低，效率会显著提升，甚至可能产生颠覆性效果。

元宇宙与数字人

回顾人类发展史，我们经历了几次工业革命才达到今天的现代化水平，而工业革命的过程也是效率提升的过程。在原始社会时期，人类依靠狩猎生存，效率极低，且面临诸多不可控的风险。农耕文明的到来使情况有所改善。值得一提的是，我们中国的农耕文化发展得最为成熟，很早就能实现自给自足。相比游牧狩猎，农耕的效率提高了许多。然而，这仍然不够——社会化分工仍然不足，人们仅能勉强养活自己。直到工业革命的到来，效率才有了质的飞跃，整个社会因此发生了巨大变革。

到了下一个时代，元宇宙将能颠覆性降低空间成本、时间成本，并提升沟通效率、工作效率。举个例子，在现实世界中完成一件事可能需要乘坐飞机、高铁或汽车，花费半天到一天的时间才能到达目的地。而在数字世界中，我们可能只需一秒就能"抵达"目的地并完成任务，省去了舟车劳顿和相关开支，极大地减少了交通成本。

现在的年轻人经常抱怨房价太高，但房价高是有物理本质上的原因的。人类若想在同一个区域内工作、学习、消费、娱乐和社交，就必须聚集在一个特定空间及其周边,这就导致了物理空间的稀缺性和昂贵性。大城市房价高,也是因为大量人口集中在一起。

而元宇宙的内在价值是确定的:它使人们能够分散各地办公,不再需要高密度聚居。这或许能从根本上改变我们的生活方式。

从元宇宙的内容入手,我们可以看到数字内容包罗万象。它不仅涉及影视产业,还包括各行各业所需的数字内容。无论是订外卖、买房租房看房,还是旅游等活动,都需要接触数字内容。传统数字内容主要依赖实拍方式,用相机或手机捕捉现实生活中的人、物、场景。而在元宇宙中,我们可以运用数字技术创造虚拟世界的人、物、场景。

进入元宇宙的基础技术之一是数字人技术。数字人技术和元宇宙内容形式的结合,正在引发内容形态的巨大变革,这就是我们所说的"下一代虚拟制作"。那么,它与传统的电影特效制作有何不同?差异的关键在于特效处理的时机和方式。

传统的特效电影制作通常是先完成实拍,再进行后期特效处理。例如,拍摄可能需要两三个月,而后期特效制作则可能长达一年。相比之下,虚拟制作技术允许我们在拍摄现场就呈现虚拟场景。我们可以在片场后方放置 LED 屏幕,直接展示预先制作的虚拟场景——比如《超人》电影中的高楼大厦。这种方法不仅缩短了制作周期,甚至可以实现直播和同步播出。

虚拟制作的优势显而易见:成本降低,可即时直播,演员能够看到丰富的数字虚拟环境，了解拍摄效果，沉浸感有助于提升表演质量。

更进一步，"纯虚拟制作"完全摒弃了实拍环节。在这种模式下，整个制作过程都在虚拟环境中进行，无需后期特效，甚至可以实现全面虚拟直播。由于不受物理限制，镜头、灯光等所有元素都可以完全虚拟化。结合 5G 技术的无线传输或远程线上拍摄技术，纯虚拟制作为内容创作开辟了广阔前景，堪称未来发展的重要方向。

尽管刚刚说到纯虚拟制作有诸多优点，但目前其作品仅有几百个。原因在于当前技术水平下，纯虚拟制作面临着数字人制作的难题，解决的成本很高，门槛也很高，且缺乏专业工具。制作一个数字人可能需要花费几十万元，还需要专门的技术团队。即便是行业从业者，没有技术团队支持的话，也难以完成。纯虚拟制作还缺乏专用工具，这正是我们聚力维度一直致力于解决的问题。

数字人是虚拟世界的核心。一旦解决了数字人的问题，虚拟世界的数字内容制作就会变得简单许多。那么，什么是数字人？从广义上讲，任何具有人的属性、不存在于现实中的实体都可称为数字人，甚至可以没有具体形象。但当下我们热议数字人时，主要关注的是它的形象——一个有具体外貌的数字人。目前，数字人通常指的是一种狭义的概念：外形和能力与真人相似，能通过其形象完成任务的虚拟个体。这背后涉及的技术包括图形学、图像学和 AI 等。

数字人有多种分类，如二次元、超写实等。值得注意的是，"超写实"的"超"意义不在于分类,而在于程度。写实可以有不同层次,从低级到高级,高级别的写实才称为超写实。因此,我们需要区分类别和级别这两个概念。

创建数字人

数字人是如何制作的呢?不论采用何种技术路线,数字人的生产流程都包括三个基本步骤。

第一步,我们需要设计数字人的外观,这个过程类似于设计logo,主要是将其画出来。设计完成后,我们进入第二步:制作数字人的实际模型。这一步涉及建模、适配和驱动,最终将数字人呈现出来。最后一步是应用,即将数字人投入使用。从科研或学术角度来看,这三个步骤可以进一步细分为多个阶段。目前,数字人技术主要包括五个关键模块:建模、驱动、渲染、交互和声音。

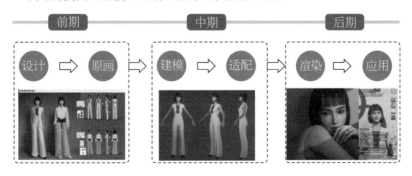

数字人生产流程

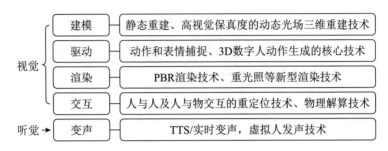

数字人技术的五大模块

这些模块在当前的重要性并不完全相同。目前，推动整个产业发展的关键点主要是建模和驱动。那么，建模究竟是在做什么呢？建模的首要任务是创造形状，同时形象也至关重要。

获取形状的方法有几种：除了依靠艺术家手工雕刻，研究人员还使用"相机阵列融合建模系统"或 AI 技术来自动构建。"相机阵列融合建模系统"技术使用多个相机和灯光，能够捕捉并照亮坐在中间的人的头部。通过多角度相机拍摄同一部位，我们可以构建出人物的每一个点，从而获得完整的形状。然而，这个初始形状通常是灰色的模型，还没有表皮。要获得表皮，我们需要利用相机阵列融合建模系统上的灯光。这些灯光不仅仅是为了照明，更是为了获取人脸的贴图。贴图包含多个层次，有颜色贴图、法线贴图和高光贴图等。

获取颜色贴图，需要消除人脸上的所有光影，这可以使用偏光技术来实现。得到的无光影图像包含最基本的颜色信息和法线信息。对于面部的微小结构，如皱纹或小突起，我们采用多角度光照技术来完成。这种方法会从不同角度照亮人脸,产生并记录阴影。通过分析这些阴影,我们可以计算出面部的微小细节。最后,我们获得法线信息,将其导入渲染引擎,从而呈现出真实的人脸。

这个过程确实相当复杂。这是目前不依赖艺术家手工制作,而通过物理方式重建人脸的水平最高的方法。这种方法可以获取非常精细的形状,但缺点是无法使面部动起来。

获取形状后,由于其不完美,我们需要进行拓扑、绑定和适配。拓扑是什么?当我们获得脸部的三维结构后,需要为面部的每个部分赋予语义,建立整个网格结构,按照固有排列建立网格,这个过程就叫拓扑。

完成拓扑后,脸部才具有确定的语义,这时才可能驱动它。否则,我们连鼻子和嘴都无法区分。接下来是驱动过程,但这时我们会发现整个脸由几万个点组成。如何驱动这么多点?几万个点太复杂、太混乱了。而且,我们发现面部各个部位或肢体是以组合方式运动的,而不是每个点都可以独立随意运动。因此,我们需要将这些点绑定在一起,这就是绑定过程。绑定方式有多种:可以用骨骼绑定,可以用顶点变形(blend shape)绑定,也可以用肌肉或其他刺激方式。总之,目的是将这些点分组。分组后,虽然脸部仍由几万个点组成,但使用时可能只需几百或上千个数值就能操控。之后还需进行适配。驱动模型时,必须考虑不同人的身高和体型差异,调整算法以适应这些变化。完成这些步骤后，模型才能被驱动。整个过程成本很高，如果完全依靠人工，可能需要一个月时间，因此这个领域亟需新技术的推动。

总的来说，目前创建模型的方法包括人工建模、扫描建模和AI辅助建模。虽然AI技术在进步，但还不能完全解决产业中的所有问题，无法完全取代传统方法。现在流行的AIGC（AI生成内容）技术，如Stable Diffusion，可以通过文字输入生成各种图片，但与我们的需求还有差距。我们专注于人物模型，虽然局限于此，但我们的优势在于能够制作出高级别、可驱动的模型，达到可能需要建模师投入几十万元成本才能达到的水平，同时保持多样性，这是一大突破。

尽管还不能完全依靠自然语言生成，但我们可以生成大量的人物形象，然后从中挑选符合特定人设的模型。这些模型有各种风格：阳光的、帅气的、美丽的、可爱的等。我们可以进一步调整发型、服装和妆容，然后进行驱动，这代表了当前AI生成技术的最高水平。我们正在继续研发，希望在未来实现完全由AI生成我们所需水平的数字人。

让数字人动起来

有了模型后，这个数字人不仅外观精美，还能呈现各种特效。例如，它可以展现物理效果，甚至头发都能动起来。接下来的问题是：如何让这个数字人动起来？这就涉及了"驱动"的概念。

驱动意味着按照特定要求使数字人完成表情和肢体动作。那么，

第四章
数字人和新技术如何赋能新传播

我们如何实现这一点呢?主要有三种方式:

1. 自然语言驱动:通过语言指令,如"跳一下",来控制数字人的动作。

2. 手动调整(手K):直接操控数字人,调整其姿势和表情,可以用手去掰它,比如把手掰到某处,然后把表情调成某个样子。

3. 动作捕捉:利用真人动作来驱动数字人,比如真人打拳,数字人就会跟着做这个动作。

在实际应用中,我们需要考虑几个关键因素来评估这些方法:级别高不高,它能不能实时驱动,以及它是不是很便宜和很易用。

手K动画是传统的制作方法,常用于电影和动画制作。它能达到极高的质量,但成本高昂,且无法实时驱动。有一些电影作品或者说不能直播的数字人作品就是这么去完成的。

随着ChatGPT等技术的发展,AI驱动变得越来越普及。它不需要人工操作,就可以实现实时驱动,还能解决一些应用问题。然而,目前AI驱动的质量还不能满足高级别的需求。

AI驱动的技术流程通常包括三个步骤:

1. 使用自然语言处理(Natural Language Processing,NLP)生成文字。

2. 通过文本转语音技术(Text To Speech,TTS)将文字转换为声音。

3. 利用视频到动画技术(Video-to-Audio,V2A)让数字人"读出"

这些内容，完成动作和口型同步。这一步骤既可以使用传统的音素方法，也可以采用新兴的 AI 技术。英伟达等公司已经在这方面展示了一些令人印象深刻的例子。

WAV2LIP 是什么？简单来说，它能改变视频中人物的口型。你可以拍摄一段视频（不管是否有声音），然后使用 WAV2LIP 技术让视频中的人改变口型，说出完全不同的话。WAV 代表声音，LIP 代表嘴唇，所以这项技术就是让嘴型与新的声音匹配。它还能添加一些细微的面部动作，使效果更加自然。

近期我们看到的一些令人惊叹的 AI 生成内容就是用这种方法制作的，效果往往以假乱真。如果我们再结合 ChatGPT 和 Stable Diffusion，过程会是这样：用 Stable Diffusion 生成一张逼真的人像，让这个"人"读出 ChatGPT 生成的文字，同时用 WAV2LIP 技术使其口型与语音同步。这样就创造出了一个完整的数字人。但这种方法也有局限性，只是很多宣传中并未提及。我想在这里向大家澄清一下，因为目前确实存在一些夸大其词的宣传。

真人驱动配合视觉驱动技术可以轻松创造高质量的数字人。这种技术适用于直播、短视频、电视节目，甚至影视级表演。它的作用是增强人的能力：创造符合特定人设、外形更吸引人的角色，赋予他们各种超能力，实现超现实的直播效果，把电影般的体验带入直播中。这项技术的价值在于赋能人类，而且现在的技术水平已经能够满足这些需求。

相比之下，纯 AI 驱动虽然前景广阔，但目前的技术水平还无法完全取代人。即便是最先进的 ChatGPT 这样的 AI，也不能独立完成复杂任务，它更多是起辅助作用。比如，它可以帮忙整理材料，但不能完全代替人独立工作。因此，AI 目前只能处理相对简单的任务，如客服工作。以前的 AI 连这些重复性工作都难以胜任，但现在像 ChatGPT 这样的新一代 AI 已经可以处理这类工作了。我们可以给 AI 配上一个虚拟形象，让它回答一些常见问题。

从技术边界来看，这两大方向截然不同，应用场景也各异。这里聚焦于内容创作的下一代虚拟制作技术，重点讨论真人驱动。真人驱动技术在影视行业已发展多年。我们常见明星在工作人员协助下穿戴高科技设备，身上布满标记点，头戴特制头盔，脸上贴满标记，看起来颇像外星人。这种动作捕捉技术在影视行业已使用数十年，并不断发展。它效果出色，能实现实时驱动，常用于导演实时监看。然而，它也存在问题：成本高昂（通常需要几十万元），且需要专业人员操作，演员无法独立使用。

这项技术有几个具体分支。比如，有一种叫作光学捕捉。光学捕捉是怎么工作的呢？我们通常会在演员周围放置多个红外摄像头。演员穿上黑色紧身衣，衣服上贴有红外反光球。这些反光球肉眼看起来平平无奇，但在红外视野中却异常明亮，如同小白点，而周围环境则一片漆黑。这种设置可以有效去除干扰，只留下我们需要的点。通过多个摄像头同时捕捉这些点，我们能用精确的几何计算确定每个点的位置。

讲到这里，你可能会觉得这技术似乎与数字人无关。实际上，它可以用于任何需要标记的对象。我们把这些点放在人身上，让演员摆出"T"字姿势，同时让数字人也摆出相同姿势，建立一一对应关系，就能控制数字人了。这种方法不仅适用于人，还可以用于动物，甚至无人机，进行测距或其他测试。

光学捕捉的优势在于，通过多个摄像头和精确的几何计算，它能实现最小的误差。但它也有局限性：不能被遮挡。比如，如果完全遮住演员，系统就无法工作。更重要的是，这套设备昂贵且使用烦琐。每次使用前，演员都需要花一到两小时穿戴动作捕捉服。

除了光学捕捉，行业内还广泛使用惯性捕捉技术。惯性捕捉并非真正利用"惯性"，而是使用加速度传感器。这类传感器类似于智能手机中的加速度传感器，我们在每个关节处安装一个，用于识别实时加速度。由于加速度本身无法直接确定位置，使用者需要先摆出"T"字姿势进行初始化。一旦确定了初始位置，系统就能追踪后续的所有动作。然而，这种方法也存在局限性：传感器的精度并非完美，而高精度传感器往往价格不菲。

对于直播主播，他们可能需要在直播一小时后重新做"T"字姿势，以重新校准系统。此外，作为电子设备，这些传感器对周围的电磁环境非常敏感。因此，在进行此类项目时，我们通常会事先了解周边企业和电脑的数量，因为这些因素都可能产生影响。不过，惯性捕捉的一大优势是不受遮挡影响——即使演员被完全包围，系统仍能正常工作。总的来说，惯性捕捉在某些方面优于光学捕捉，特别是对单人使用而言。但对于多人场景，它可能就不那么理想了。因此，在需要避免遮挡问题的产业应用中，惯性捕捉是一个可行的选择。

另一种利用传感器的方法是在身上佩戴类似 VR 定位设备的光学传感器。这种方法需要在人体多个关节处安装传感器，并在周围布置激光塔来进行空间扫描。这些激光对人眼不可见，但仍需注意避免长时间直视，因为它们仍然携带能量。如果一个感光传感器能被两个光塔同时识别，就能精确计算出位置。或者，如果传感器由多个元件组成，让两个传感器同时被一个光塔扫描也能获得位置信息。这种方法的优势在于可以达到与光学捕捉相当的精度。但它也面临一些挑战：设备数量受限，因为存在传输和充电问题。例如，在捕捉肩部动作时，由于无法在肩膀上安装太多设备，某些动作可能无法准确捕捉。

此外，传感器的重量也是一个问题。它比惯性传感器更重，这会影响快速动作的捕捉。例如，当你突然停止手部动作时，传感器可能会继续移动一小段距离才停下，导致手部看起来有轻微晃动。这种误差也是需要考虑的因素。总的来说，这些系统都面临高成本、需要穿戴设备和校准等共同问题。

表情捕捉技术与前面介绍的光学捕捉有相似之处，但因为面部是非刚体结构，捕捉过程更为复杂。面部肌肉的运动不像肢体骨骼那样容易定位，因此表情捕捉与动作捕捉有很大不同。首先，由于头部会移动，我们需要戴上一个特制头盔。头盔前方安装红外摄像头，同时在脸上标记一些点。通过保持红外摄像头与头盔的相对位置不变，系统就能将面部标记点的变化全部识别为表情变化，而不受头部移动的影响。为了达到这个效果，头盔必须戴得非常紧。我曾亲身体验过，感觉相当不舒服。一般来说，一个人很难忍受超过一小时，因为会像戴着孙悟空的紧箍一样难受。

在使用过程中，由于脸是非刚体，每个人的脸型又不同，所以仅仅捕捉到面部的点是不够的。这些特征点既能反映个人长相，又包含了表情信息。为了解决这个问题，我们需要让演员做出多种表情，比如笑、哭等几十种不同表情。捕捉到这些面部数据后，动画师会在数字人模型上重现相同的表情。完成每个表情的调整（即"K帧"）后，我们建立一个方程组，通过求解近似解来建立真人面部与数字人之间的对应关系。如果初次调整效果不理想——毕竟很难一次就做到完美——我们就会在测试驱动时发现问题并进行修正。这个过程通常需要一周左右的时间。完成后，我们就能准确控制数字人的面部表情了。

不过近来一些新技术也应运而生。例如，苹果公司推出了利用iPhone自动重建面部点云的方法。这种方式采用离线处理方式，先录制表演，再用高性能设备进行处理，最后驱动数字模型。其原理与传统方法相似，但利用了面部深度摄像头生成的点云，并结合一些相对准确的特征点来实现。虽然效果相近，但由于需要离线计算，目前还无法实现实时处理。这就是当前动作和表情捕捉技术所采用的设备方案。

考虑到这些方法成本高昂、操作繁琐且需要定制设备，业界自然希望找到更简便的解决方案。既然人类能从图像或视频中识别表情，为何不尝试用 AI 来完成呢？这就引出了视觉捕捉技术——利用计算机视觉捕捉人的动作和表情。这种方法通常只需一个摄像头（有时也会使用多个）来识别面部表情。然而，目前大多数此类技术的效果还不尽如人意，只能算是"玩具级"水平。虽然能实时处理并广泛应用，但质量还达不到影视制作的专业标准。

当你想表现各种情绪时，比如悲喜交加，苹果的表情捕捉技术就显得不够精准。为什么我说它是玩具级的？因为在制作正式内容时，它无法满足专业需求。虽然它在捕捉一些简单表情上表现尚可，如呲上牙、呲下牙，但在复杂表情和细节方面就力不从心了。这些细节恰恰是高级内容的关键，也是达到产业标准的必要条件。

在快速对话场景中，苹果的表情捕捉技术存在一个明显问题：人物的说话内容与表情似乎不协调，给人一种不自然的感觉。究其原因，是因为它在张嘴闭嘴的时机上常有偏差，导致许多微妙的情感无法被准确表达。即便演员情绪饱满，系统也可能出现"穿模"等怪异表情。

其他技术介绍

除了这几个核心技术外,还有一些行业基础技术值得介绍。首先是渲染技术。最常见的是游戏中广泛使用的 PBR 渲染(Phy sically Based Rendering,基于物理的渲染)。PBR 是一种基于物理的着色和渲染技术,用于更精确地描述光如何与物体表面互动。这种技术能精确模拟现实世界中的光线反射、折射和多次反射等效果,还能呈现不同材质的特性,如金属的光泽或木头的纹理。

让我们看看 PBR 渲染的效果。如果你看过类似的视频,可能会注意到数字人的渲染效果不如静物。静物渲染更加逼真,有时甚至难以分辨是实拍还是渲染。这是因为静物在计算上相对简单。不过,现在无论是英伟达、UE(PBR 渲染方面最成熟的商业引擎),还是国产引擎,都能制作出这种高质量的渲染视频。

学术界还有两种新兴技术:反向渲染和 NeRF。反向渲染器主要用于学术研究,非技术领域的人可能用不到。它通过反向传播来实现渲染的逆向过程,从而控制建模。现在的 AIGC 技术就用到了这个方法,比如用 AI 直接生成模型。

NeRF(Neural Radiance Fields,神经辐射场)或称神经渲染,使用神经网络代替传统图形学引擎进行渲染,能达到极高的真实度。在网络训练完成后,可以从任意角度渲染出清晰的场景图片。META 创始人扎克伯格最近展示了一段 NeRF 视频,展现了比好莱坞级别渲染还要真实的实时渲染效果，这都归功于神经渲染网络。

尽管 NeRF 技术令人印象深刻，但它也有局限性。主要问题在于难以编辑，无法轻易修改模型、改变表面颜色和形状，甚至简单如调整鼻子大小或嘴巴形状都很困难。此外，物理碰撞模拟也不理想。因此，目前它还不适用于游戏开发或电影制作等实际应用，多数情况下仅用于技术展示。我预计这项技术可能在五年内会更加成熟，届时或许能真正应用到我们的日常生活中。

交互是下一代虚拟制作中的重要环节，我稍后会详细介绍。内容创作离不开交互，交互包括多种形式：手部与虚拟物体的交互、人与物的交互、人与人的交互、人与自身的交互，以及人与环境、食物的交互等。这些都需要在元宇宙中实现。随着虚拟制作技术的成熟和普及，我们有理由相信各种交互技术将逐渐被应用到现实生活中，而不仅仅停留在学术研究阶段。

声音技术是另一个重要方面，主要涉及声音转换。不过今天我们重点关注视觉效果。除了前面提到的核心技术，专业工具也是实现全面虚拟制作的关键。我们需要将整个制作过程中的各种元素和技巧都转化为工具。这包括与拍摄相关的镜头和灯光，以及拍摄对象——人、物、场景（这也是元宇宙的三大要素）。此外，还要考虑拍摄形式，如线上拍摄，以及是否能实现交互式特效。我们已经在这些方面进行了一些尝试，接下来让我们一起来看看。

首先来谈谈镜头。在实际拍摄中，我们常常面临空间限制。比如，一台大型相机不仅沉重，体积也大，很多场景根本放不下。此外，实体相机无法穿墙或自由传递。然而，在虚拟制作中，我们可以实现在现实拍摄或春晚直播中不可能出现的效果——镜头能够穿地穿墙。这种镜头通常只在电影中才能看到，它能呈现出令人震撼的空间感和跳跃感，满足导演各种创意需求。如果想要进行更加超现实的运镜，比如超越传统摇臂的运动规律，我们可以提前编程实现极其复杂的镜头运动，突破现实的局限。

除了镜头，灯光也是关键。现实中的灯光设备——不知道大家是否去过片场或演播厅——数量庞大且昂贵。我曾在电视台看到过，即使有如此多的灯具，仍然无法实现无限可能的灯光效果。而且，添加新的灯具往往很复杂。除了成本高昂和操作困难外，实体灯光还容易造成穿帮。比如，为了让某个人物更亮，在其脚下放置一盏灯，但镜头一拉远，这盏现代灯具就暴露在古装戏中，瞬间就穿帮了。这就是现实物理环境的局限。

然而，在虚拟世界中，一切都变得简单了。我们可以轻松地改变各种灯光效果，形成不同的氛围和感觉。

如果我们想要营造各种氛围，灯光是最好的帮手。假设我要拍摄一部恐怖片，这些灯光效果都可以轻松实现。我可以用各种简单的方式调整，而且完全没有额外成本。实现每种灯光效果都不需要额外购买设备。这非常方便,因此一旦尝试过虚拟灯光,你就很难再回到传统方式了。

除了灯光和镜头,我们还有拍摄对象——人物。当人物数字化后,可以实现许多新的可能性,比如服装、化妆和道具(服化道)。在传统拍摄中,找到合适的演员是一大挑战,无论是寻找特定外貌还是特殊人设的演员,都需要花费大量时间和精力,找不到的话就很难拍出满意的内容,而且还要搭配合适的服化道。而在数字世界中,这个问题迎刃而解。

我们可以轻松地将主题内容直接应用到数字化角色上,无需实际制作。而且数字人物还能瞬间改变造型,比如突然换个发型。这大大简化了服化道的过程。虽然这些细节看似与拍摄内容不直接相关,但它们实际上与整个制作过程息息相关,甚至可能成为限制因素。

有部电影叫《消失的她》,其宣传中提到男主角剃头的镜头必须一次拍摄成功,否则就得等三个月头发长出来后再拍。但在虚拟世界中,发型可以瞬息万变——长短随意,服装也随心所欲,可以让数字人瞬间变成不同的人物,从美女到各种角色,甚至是猩猩。这就是数字人的魅力,只要你能想到,就能在内容中实现。

除了外观,数字人还要能动,甚至还要能做出超现实的动作。比如游戏中的行走、飞天遁地等特效,这些都可以在直播中实现。道具也是一大亮点。在传统电影中,某些场景(如爆炸)可能需要巨额投资,而且没拍好还得重来。但在虚拟世界中，这些道具可以无限次使用和修改。我们可以瞬间变换各种特效，就像魔术一样轻松自如。比如，让一个光效跟随我移动，或者手持各种物品。可以在打网球时，呈现各种炫酷的舞台效果。更神奇的是，我们能在实时直播中瞬间改变场景，仿佛有了任意门，可以随意穿梭于不同空间，讲述你想要的故事，传播我们的文化。甚至连天气都可以自定义。

接下来，我要强调的是交互。交互的一个重要方面是我们可以让虚拟世界中的对象进行无实物表演。那么，这种无实物表演是如何实现的呢？我们需要戴上 VR 头盔。

戴上 VR 头盔后，我们就能看到所有的虚拟对象，就像大家玩 VR 游戏一样，比如《节奏光剑》。在 VR 中，我们可以与各种虚拟世界互动，这需要进行面部捕捉。因为 VR 头盔内部是黑暗的，所以需要用红外摄像头，同时在外部安装一个摄像头拍摄我们的脸。这样，即使戴着 VR 头盔，我们的面部表情仍然能被捕捉到。

由于戴着 VR 头盔，我们能看到所有的虚拟对象。比如，"怪物跑哪去了？在这儿，打它！"这种即兴表演非常灵活，可能这个小怪物是由另一个人扮演的，他可以随时发挥创意，就像拍摄综艺节目一样自然，完全不受预设脚本的限制。这就实现了出色的无实物表演。这项技术使得我们能在直播中呈现所有在电影中看到的效果，可以说填补了最后一个技术空白。

第四章
数字人和新技术如何赋能新传播

有了这种能力后,我们不能仅仅满足于创作本身,还要考虑如何与观众互动。目前,在新媒体平台上,观众可以发弹幕、评论,主播能够回应,这确实是一种互动。但这仅限于语言层面,观众无法真正改变虚拟世界或现实世界的任何东西。

如果我们进行纯虚拟制作,就可以让观众发送的弹幕或礼物直接影响这个虚拟世界。假设这个世界有一个剧情,角色们正在闯关,那么观众发送的弹幕或礼物就可以成为他们遇到的困难或获得的帮助。这样,观众就成为了内容的参与者,这才是下一代虚拟制作真正的想象空间。可以说,内容不再是由一个人创造的,而是由所有观看者共同创造的。这种特效为我们提供了无限可能。

刚才提到的线上参与还可以进一步扩展。你可以成为虚拟世界中的演员或主角。我们采用云技术,让身处不同地方的人都能连线进入同一个数字空间,实现云端多人联机。这意味着你可能上一刻还在横店片场,下一刻就出现在北京片场。这种方式大大降低了成本。比如,在我们最近拍摄的节目中,无法到场的嘉宾可以通过手机连线参与。

我们目前的数字人应用场景包括节目制作、展会宣传、教育和互动领域等。比如,我们为央视创作的"小C"。如果用传统方式制作,不仅成本高,而且每次拍摄前还需要耗费大量时间和金钱进行校准。而我们的技术可以使小C从一个会议直接走进这个房间,穿着日常工作服立即开始内容制作。这种方式极大地节省了时间成本。

在展会和教育领域,我们正在培训相关专业人才。新媒体平台上出现了各种新型直播。例如,我们在淘宝上为欧莱雅创建了数字主播"羽茜茜"。她就像普通主播一样,穿着日常服装在摄像头前直播。有趣的是,在数字人出现之前,欧莱雅的场观人数是100多万,而数字人出现后很快就增至300多万,流量增长显著。这证明了数字人作为虚拟内容的巨大吸引力,它将过去只能在电影中看到的效果带入了直播领域,确实带来了巨大的流量。

欧莱雅主播羽茜茜海报

央视主播小C对话《中国奇谭》主创直播现场

说到流量,我们自己也进行了尝试。作为一家技术公司,我们最初确实没有涉足这个领域。但是，我们的一些客户非常轻松地就获得了流量，这引起了我们的好奇。我们询问他们是如何运营的，他们回答说只是直接开播，没有做任何特别的运营。

受此启发，我们也决定尝试一下。我们采用了零投入的方式，直接在几个平台上开设账号进行直播。刚开始时，我们零粉丝，直播也没有人观看。但令人惊讶的是，仅仅10场直播之内，我们就实现了10万以上的场观。现在，获得流量对我们来说变得非常容易。这充分说明了大家对内容升级、对下一代虚拟制作的期待，以及它们所具有的无限魅力。

未来可期的虚拟制作

最后，让我们总结一下什么是下一代虚拟制作。目前，我们熟知的数字内容主要有三种类型。

1. 科幻电影：电影被称为造梦的艺术，承载了我们对数字内容的所有想象。它的观感超越现实，呈现的人物表情非常具有感染力，但唯一的缺点是不能实时呈现。

2. 游戏：游戏中有各种超越现实的离奇场景，也可以进行直播。但是游戏中缺少真实的人物动作和表情，玩家控制的角色更像是木偶，只能完成预设的动作，比如打枪等，而不是一个有血有肉的人。

3. 真人直播：五花八门的真人直播中，有各种才艺达人。他们表情丰富，能够实时互动，但无法呈现超现实的内容。

这三种形式各有优缺点。我们的目标是将它们的优点集合在一起，创造一种没有缺陷的新一代内容形式，我们称之为"元宇宙"。

我们正在准备制作几种类型的元宇宙内容，第一种是对话类节目。最近我们进行了一次小尝试，运用了前面提到的运镜技术和超现实效果。在这个演示中，数字人在虚拟世界中能够与环境进行交互，比如触摸虚拟触摸屏。虽然现实生活中也有触摸屏，但我们主要展示的是与完全虚拟世界的交互能力。

数字人的视线能够准确定位虚拟世界中的物体，比如知道球的位置。这种表演超越了传统的"无实物表演"，变成了"有实物表演"。数字人还能瞬间移动，做出超现实的动作。

即使只是一个对话类节目，我们也能实现数字人与全虚拟世界的互动，大幅提升整体内容质量。这种虚拟对象的交互非常先进，内行人可能会认为这是通过录播和后期制作完成的，但事实上，我们是实时完成的。

这就是对话类内容的升级。当然，舞台类内容也可以升级。虽然我们还没有制作样片，但我们已经有了参考——《头号玩家》。《头号玩家》是录播制作的，而我们的下一步是将其变成直播。

在虚拟世界中进行舞台表演时，想象空间被极大地拓展了。舞台变得动态多变，呈现出现实生活中无法实现的效果。舞者可以在空中飞舞,各种特效也能轻松呈现。这样的表演是我们在任何现实演唱会中都无法看到的。过去,这种视觉盛宴只能在电影院体验,而未来,我们将赋能众多主播,让他们在新媒体平台上日常进行这样的表演直播。他们可能唱歌,也可能跳舞,这就是下一代的舞台表演。

现在的综艺节目常常局限于现实世界,设置各种关卡和冒险,但看多了就失去新鲜感。如果我们在虚拟世界中制作综艺,让虚拟人在虚拟环境中进行各种冒险和互动,就能彻底革新现有的综艺形式,将其提升到一个全新的水平,进入未来状态。

我预计这样的内容元宇宙很快就能实现。虽然它可能不是彻底的元宇宙,但它仍将改变我们每个人的生活。当你打开手机时,你会感觉这个时代与过去完全是两个不同的时代,因为呈现在你面前的都是讨好用户的内容,都是天马行空的创意,而且全都是通过直播实现的。

在这个新世界里,每个人都能参与其中。我们可以成为建模师、开发者,或者使用这些软件的主播。我们可以上一秒在一个对话类的节目中出现,下一秒开始舞台表演。这种生态系统,我们称之为科幻般的内容创造生态,也就是下一代虚拟制作。

如果大家对此感兴趣,我们可以一起在元宇宙中相约。让我们在元宇宙中共同创作那些我们梦想中的、过去无法实现的事物,将它们变为现实。

第五章

如何用深度粉销助力文化传播

你想了解新媒体时代的营销秘诀吗?本章作者拥有丰富的营销从业经验,结合各类成功案例,为我们揭秘现代营销传播的独特魅力。

当代营销环境正在面临重大变革,特别是"营销一体化"的趋势,使得消费者从认知到交易实现了"所见即所得"。淄博烧烤变成"人人都在追"的全民热潮,它的成功并非偶然。通过详细剖析这一新媒体文化现象,我们可以从中学会如何使自己的产品从"无人问津"变成"人尽皆知"。

本章中,作者分享了她原创的粉丝营销黄金法则,打开了一扇认识现代新媒体营销的新窗口。通过运用营销的圈层化、情感化和参与感,我们能够把握新媒体时代的文化传播规律,为产品积累忠实用户。

丁丁

- 粉丝工场 FANCTORY 创始人，畅销书《深度粉销》《深度粉销 2.0》作者。
- 深耕营销相关领域 20 年，辅导众多创业型公司，操盘的中粮腰果、三个爸爸等案例成为营销经典案例；服务过海尔、联想、云南白药、正大、新华都等企业，策划社群营销、众筹引爆等；深度参与四季沐歌、澳柯玛、船歌鱼水饺等品牌的发展，以"深度粉销"思维陪伴企业成长。
- "深度粉销"思维开创者，专注研究并实践用户运营、社群变现、私域流量与会员体系构建等领域。
- 曾任北京大学总裁班、清华大学 MBA 班、中国人民大学商学院、中国农业大学 MBA 中心、海尔大学、新希望六合商学院、汾酒商学院、民生银行商学院等客座教授。2018 年受聘为"中国际投资促进会"新媒体营销顾问，2023 年成为全球科学家社区专家顾问。

第五章
如何用深度粉销助力文化传播

在这篇文章里,我想和大家探讨如何利用深度粉丝营销来促进文化传播。首先,让我简单介绍一下自己。我在营销领域已深耕 20 年,可以说营销相关的所有工作我都亲身经历过,包括媒介、公关、传播、营销、销售以及大客户渠道等。

在这 20 年的营销生涯中,我最深刻的体会是:随着中国经济环境的持续发展,以及新技术和新媒体的变革,营销领域也发生了巨大的变化。举个例子,前几个月恰逢毕业季,一些世界排名前 100 大学的传播营销专业留学生回国面试。当我亲自面试这些应聘者,包括查看简历和一对一面谈时,我惊讶地发现他们在新媒体和新传播某些方面的知识已经落后于在中国学习的同学。这凸显了中国大陆高等教育在新媒体技术和应用方面的全球领先地位。

回顾过去,我们常将"营销"拆分为"营"和"销"两个概念。"营"指经营,"销"指销售。然而,当今营销最大的变革在于一体化。过去,"营"主要指创造市场需求,我们称之为"拉动市场";而"销"则是推广和地面推广。我们常在市场终端看到各种产品陈列和促销人员,这些都属于推广范畴。

过去,"营"与"销"是分离的。举个例子,小时候我在电视上看到康师傅方便面的广告,但购买得去线下小卖部。这意味着过去的营销中,消费者的认知和实际交易并不在同一空间完成。而今天,最大的改变就是"所见即所得"——营销已经一体化。我们在创作内容、传播信息的同时，产品也在销售出去。

如今，我们中有多少人在浏览网上视频时，不经意间点击链接就完成了购买？这正说明新营销实际上就是新传播，因为它实现了"所见即所得"。

现象级传播的底层逻辑

说到2023年最火爆的现象级事件，非淄博烧烤莫属。你品尝过吗？不必非得去淄博，尝过打着"淄博烧烤"旗号的小吃也算。虽然现在淄博烧烤的热度可能有所降温，但让我们回想一下它的火爆程度：从2023年3月开始升温，到"五一"期间达到巅峰，持续时间之长令人惊叹。

在当今信息爆炸的时代，我们每天都在接触海量的碎片化信息。有统计显示，每人每天要筛选几万条信息。尽管我们被超过10万条信息包围，但实际上我们每个人都生活在自己的信息茧房中。无论在哪个平台，它推送给你的都可能是你感兴趣的内容，或是你身边朋友看过的内容——这就是当今平台算法的特点。举个例子，如果我关注孩子教育和职场，当我刷到相关视频并长时间观看或多次重播时，平台随后推送的信息大多会与我刚才观看的内容相关。因此，尽管每天被海量信息包围，但我们每个人实际上都生活在自己独特的信息茧房里。

淄博烧烤这一现象引人注目的是，它不仅家喻户晓，而且持续了相当长的时间。我们最近是不是经常听到这个词？不仅仅是听说，它

第五章
如何用深度粉销助力文化传播

更是无处不在。打开任何热门平台的热搜榜单，无论是微博、抖音还是头条，都能看到淄博烧烤的身影。这足以证明它已经成为了一个真正的全民现象级事件。

淄博烧烤火到什么程度？火到如今几乎每个城市都有了冠名"淄博烧烤"的餐饮店。有一段时间我出差去青岛，在一条街上就发现了三家以淄博烧烤为主打的店。虽然店名会有前缀或后缀，但主体关键词都是"淄博烧烤"。无论在哪个城市，在美团上搜索烧烤外卖，都能找到带"淄博烧烤"关键字的店铺。由此可见，它的火爆程度已达到空前地步。

再看网上销售的产品，许多商家都在沾这个热词的光。以前普通的烧烤调料，现在可能被冠以"淄博烧烤小调料"的名称。甚至像盒马这样的外送超市都推出了饼、葱等组合的"淄博烧烤四件套"。大家都在借势这个热词，充分展现了热度的威力。更不用说在抖音、B站和小红书等平台上淄博烧烤话题的高热度，甚至连联合国前副秘书长都主动要求去淄博体验烧烤文化。

回到核心问题，让我们探讨这个现象级案例的源头。我们生活在信息茧房中，而当今的营销和传播与过去有了显著的区别。过去，品牌建设遵循一个固定的步骤：**先建立知名度，再提升美誉度，最后培养忠诚度**。这是长期以来品牌塑造的标准流程。2010年之前，营销常用的手段是权威媒体宣传，比如央视广告配合代言人，再加上招商会，这就是典型的中国式营销套路。在央视等权威媒体投放广告，实际上就是在打造知名度。

当一个企业、品牌或 IP 真正获得知名度时，会产生什么效果呢？它会吸引许多刚了解这个产品或事物的人来尝鲜。国内外众多人都想品尝淄博烧烤，甚至像联合国前副秘书长这样的重要人物也对此充满好奇，这正是知名度的魅力所在。

而美誉度是什么？当人们来此打卡消费，觉得体验不错时，就会给予好评并口口相传，这就是美誉度的形成过程。美誉度会带来什么？它会吸引更多人慕名而来打卡，创造更多流量，最终形成忠诚度。忠诚度是什么？如果只去一次淄博吃烧烤，那可能只是为了尝鲜。但如果多次前往淄博打卡，那就不仅仅是为了烧烤了，而是因为产生了情怀。这就是过去品牌塑造的典型路径。

如今，品牌营销的方式似乎发生了变化。我们都生活在信息茧房中，"物以类聚，人以群分"这句古语在当今依然适用。现代传播通常始于一小群人，这就是我们常说的"粉丝基本盘"。无论是打造产品、品牌还是文化 IP，要引爆流行趋势，都需要首先聚集一群真正的热爱者——这就是粉丝基本盘的核心。

以淄博烧烤为例，它的粉丝基本盘从何而来？答案是淄博与 12000 名大学生的"双向奔赴"。2022 年新冠疫情期间，这些学生在淄博受到了热情接待和悉心关爱。因此，他们约定来年春暖花开时再访淄博，

第五章
如何用深度粉销助力文化传播

共享烧烤盛宴。2023 年 3 月,他们如约而至,实现了这个承诺。这群山东大学的学生成为了淄博烧烤粉丝基本盘的基础。在此过程中,淄博政府对市民、文旅、餐饮等方面的重视和全方位保障发挥了关键作用。值得注意的是,这并非一朝一夕之功。不是今天大学生来了,淄博政府就这样;大学生不来,它就不这样。淄博政府长期以来在商业规范等方面表现出色,而这次恰好遇上了 12000 名大学生这个强大的粉丝基本盘。正是他们的口碑传播,最终点燃了淄博烧烤的热潮。

随后,各大平台、知名账号和网红纷纷前往淄博参与烧烤活动,仿佛不参与就会落伍一般。在这个过程中,权威媒体,尤其是以央视为代表的中央媒体,也加入了报道。央视新闻、央视新媒体等频道不仅进行了报道,还制作了各种富有创意的内容。我们还看到一名男子千里迢迢到淄博吃烧烤,被当地出租车司机的一番话深深打动。这些司机觉悟很高,说政府下通知要求做好服务,不宰客,把这些精神向游客传达得非常到位。这些正面的体验进一步激发了公众兴趣,引发了更大范围的关注。

有些网红亲自带着秤到各个商家测试,无论是卖水果、卖鱼、卖凉菜、卖小海鲜,所有店铺都是秤出来只多不少,这立即让人觉得淄博商家真是良心。这些内容在各大网络平台上迅速走红,不断被点赞和转载。在这个点赞转载的过程当中,我们是否在朋友圈或朋友推荐的视频中看到过这样的信息呢?设身处地想一下,如果你是淄博人,看到这样为家乡点赞的信息,你会不会转发?必然会,对吧?

当这样的内容出现时,它的传播过程是怎样的呢?首先与淄博有关系的人会第一轮转发。谁是与这些有关系的人?就是前面提到的12000名大学生。当他们再次来到淄博时,一定会发布内容为这座城市宣传。然后,谁会看到这些内容并进行第二轮转发呢?还是与淄博有关的人,比如淄博人,不管他们身在何处,看到这种为家乡传播正能量、树立良好口碑的内容,他们必定会加倍努力地再次转发。这个过程中最关键的是什么?就是"关系"二字。能够调动谁来为你首次宣传,能够调动谁来进行二次传播,这至关重要。

另一个重要因素是内容本身。我们刚才说过,真诚永远是制胜法宝,在这个过程中尤为重要。我们常说负面消息总是传播得比正面消息快,好事不出门,坏事传千里。但淄博烧烤在这次热潮中,并没有被负面消息毁掉。许多网红进行了暗访,但由于淄博整体准备得非常系统和到位,没有出现大的问题,没有塌房。这就是所谓的产品力过硬,在这个基础之上才有了后续的一切发展。

另一个重要元素是内容的来源。我们在各平台上看到的大量内容,除了淄博烧烤专列可能是政府投放的,其余几乎都是用户生成的。内容主要分为两类:用户生成内容(User Generated Content,UGC)和专业生成内容(Professional Generated Content,PGC)。成功的传播需要两者并存。

UGC 是各种民间声音，形式多样。无论在百度、抖音还是视频号等平台，搜索即可看到各种关于淄博烧烤的 UGC。同时，我们也能看到典型的 PGC，如专业媒体人制作的内容。央视新闻等权威媒体的视频就是 PGC 的代表。这两类内容的持续发力，加上关系人的二次传播，共同造就了淄博烧烤的现象级案例。

在自媒体时代，我们无法完全控制用户。使用自媒体时，我们常担心无法控制可能出现的负面内容。但关键在于"打铁还需自身硬"——这是基础。其次，虽然不能控制用户，但可以引导他们。通过开放参与节点，让用户参与到关键的过程当中，使他们产生归属感，觉得与有荣焉，自己与此事息息相关，从而实现有效引导。

互联网时代的传播引爆

这个过程体现了"引爆点"的三大法则，三大法则源自马尔科姆·格拉德威尔的著作《引爆点》。这本书是传播学中经典的经典，它探讨了如何引爆流行趋势。这三个法则分别是：环境威力法则、关键人物法则（又称个别人物法则）和附着力法则。

引爆点三大法则

这三个法则如何理解呢？环境威力法则强调顺势而为。以 2023 年淄博烧烤现象为例，它之所以能引爆如此巨大的能量，与当时的环境密切相关。经历了三年的新冠疫情，大众渴望正能量和与出行相关的体验。美食最能体现人间烟火气，最能温暖人心，最易打动每个人，因此与整体环境的氛围相契合。这股风潮一旦开始，势头就越来越猛。从一个平台燎原，迅速蔓延至所有平台，这正是环境威力法则的体现。在这种法则下，人人都会参与其中，因为不参与就失去了谈资和社交货币。人际互动离不开谈资和社交货币，而淄博烧烤恰恰成为了当时最大的社交话题。

第二个是关键人物法则，也称个别人物法则。一个词或事件的真正流行，往往是由少数关键人物推动的。比如，很多人可能都说过同一句话，但鲁迅说出来的就不一样了。这就是为什么我们能看到各种"鲁迅语录"，尽管其真实性难以考证。在新媒体和新传播时代，这个法则不仅可以指某个人，还可以指一个 ID。在淄博烧烤事件中，我们会看到有一个 ID 非常显眼，它就是"央视新闻"。它关于淄博烧烤的报道，在整个事件中扮演了引爆点的角色，这就是关键 ID 法则的体现。

最后是附着力法则，什么是附着力法则？本质上指的是创意。过去，我们的创意可能侧重于唯美的视觉效果，但现在更注重内容是否有趣、是否好玩、是否有反差感。比如，我们看到网红们实测淄博商家的称重。很多人本以为会遇到缺斤短两的情况，结果发现实际重量反而超出预

第五章
如何用深度粉销助力文化传播

期,这就形成了反差效果,让内容更容易传播。因此,你会看到各种形式的参与内容,无论是图片、视频、漫画还是故事,每一种内容都有其独特的附着力,这些都体现了附着力法则。

当我们想引爆一个产品、IP 或主流事物时,必须符合这三个法则。像淄博烧烤这样的现象级 IP,需要天时地利人和,打造起来并非易事。但对于身边的小型文化 IP,我们仍有许多可行的方法。这些方法既有趣又具有附着力,还可以运用区域性的关键人物法则和环境威力法则来打造区域型文化 IP。

现在大家可能只知道淄博烧烤,却不了解淄博其实是一个文化瑰宝。在齐鲁大地,我们更熟悉的是以孔子为代表的鲁文化。而淄博,尤其是作为齐国故都的临淄,代表着齐文化。鲁文化尚文,齐文化尚武。淄博在齐文化方面可谓蕴藏丰富。

临淄齐文化有许多可挖掘的亮点。2017 年,我们也曾考虑过美食角度,但大家认为这可能会拉低文化品位,希望走更高端的路线。后来我们发现了姜子牙是个极具代表性的人物,于是选择姜子牙作为切入点,在齐文化节中首推祭姜大典。众所周知祭孔大典,其实临淄每年也举行祭姜大典,而且这是一个全球性的活动。来自世界各地的人齐聚大典,尤其是韩国的访客众多,因为韩国有许多姜太公的后裔前来寻根。

我们决定聚焦这一亮点并进行放大,因为一个活动若亮点过多,反而不利于传播。我们将姜子牙形象制作成漫画卡通,推出活动预告片后立即就爆了。火爆程度甚至惊动了市领导，他们纷纷在朋友圈转发。这是因为以往的活动都比较中规中矩，而这次的创新让人耳目一新，觉得非常有趣。领导的重视带动了更多人的关注和转发。

接着，我们推出了一整套姜太公表情包。这套表情包在很长一段时间内广受欢迎，不仅让大家认识到姜太公与淄博临淄的渊源，还因其趣味性而深受喜爱。

之后，我们围绕用户参与策划了一系列活动，如齐文化节知识挑战赛。我们还基于齐文化节和姜太公形象开发了多种衍生产品，包括太公历和太公服。为吸引年轻人，我们推出了深受欢迎的文化 IP 衍生品——太公饼。太公饼是当地居民喜爱的传统美食，我们将"太公工坊"注册为商标，推出了太公牛肉和太公饼等产品。恰逢八月十五中秋节，这些产品销售火爆。

从淄博烧烤的成功案例可以看出，要达到如此规模的火爆效果确实需要天时地利人和。然而，当我们想在特定地区或圈子内引发小规模热潮时，仍有许多可行的策略。我们可以设计一体化的营销方案，构建一个完整的销售闭环，这样的方法依然行之有效。

粉丝营销黄金法则

接下来，让我介绍一下我原创的粉丝营销黄金法则。这个法则可以简单概括为三个关键词：圈层化、情感化和参与感。

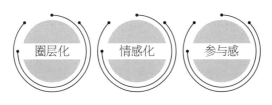

粉丝营销黄金法则

什么是圈层化？在当今社会，我们难以让所有人都喜欢我们的产品或服务。因此，我们可以选择先让一小部分人成为忠实支持者，这就需要对用户进行分层。很多人可能会想，简单地将用户分为男女老少不就够了吗？实际上，这远远不够。在进行分层时，我们首先要确定核心层，这是粉丝的基本盘。核心层通常由对产品或服务有强烈需求或兴趣的人组成。

圈层化

核心层不需要规模很大，但必须是对产品或IP最有感触的人群。举个例子，当我与淄博政府领导讨论祭姜大典时，他们起初并不热衷于此事。但他们建议我去参观博物馆,深入了解姜子牙的故事,了解后就有感觉了。

建立这种关系至关重要,让用户对事物产生感觉和情怀,然后才能进行下一步。因此,核心层应该是那些对这件事最有痛点、感觉或兴趣的人。以淄博烧烤为例,它的核心层是 12000 名大学生。为什么?因为背后有故事,所以他们是最理想的选择。

核心层之外是影响层,类似于我们之前讨论的引爆三法则中的关键人物法则。如何引爆?传播总是从一件事开始,先传到一些人那里,然后逐层扩散。事情发生后,一定要在外部共同放大。现在要达到爆炸级传播效果非常困难,所以必须通过 KOL(关键意见领袖)来扩大传播。

影响层应具备哪些特征?第一是影响力,许多明星和专家就具有很强的影响力。第二是专业度,比如文化领域的学院派和相关协会。第三是爱尝鲜,需要有人率先分享体验,吸引那些喜欢新鲜事物的人。第四是爱分享,有些人虽然愿意尝试,但如果不在朋友圈分享或帮助传播,这不就打了哑炮了吗?因此,在影响层圈子里要寻找至少符合这四个特征中两个的人。如果一个人同时具备这四个特征——既有影响力又有专业度,还爱尝鲜、爱分享,那就更要珍惜。这样的人可能一人顶一万人,一句话顶一万句话,能带来巨大的传播效应,甚至可能点燃一个区域、圈层、城市或行业。以淄博烧烤为例,央视新闻的报道直接引爆了话题。央视新闻就是典型的高影响力、高专业度的权威媒体,所以一分享就产生了巨大影响。

外围层,也就是普通大众,主要通过影响层获得信息。现在用户获取信息并非完全自主,而是由算法推送和身边人的分享决定的。

再来看第二个关键词:情感化。情感可降维成情绪。容易传播的信息,或者能调动消费者购买兴趣的信息,一定是在情绪上让人有所触动的。从商业角度来说,商家通常会设置核心销售日来调动情绪。比如京东的"618"和淘宝、天猫的"双11",到了这些时间点,人们自然而然就会讨论要买什么。这成为一种谈资,是快速调动大家情绪的方式。对于非商业活动,如临淄文化节设立的祭姜大典,一下子就抓住了一个特定圈层。所有姜氏后人都被吸引过来,聚在一起,加深了对祖先文化和当地文化的认知,进而思考如何为当地做贡献。这是一个非常好的设计和商业闭环。

情感的升级是价值观,能够长期维持的一定是有价值观的东西,必定涉及精神层面。我曾去过曲阜,当时那里正在进行济宁与国家大剧院合作的青年导演支持计划。现场给人以宏大印象,确实很好地调动了国家大剧院这些明星意见领袖,有助于将孔子文化推广得更远。在未来能影响子孙后代乃至全世界的作品中,最重要的是什么?是大家对孔子、对儒家文化的认同。这种对孔子文化的认同已经成为精神世界的信仰,超越了单纯的世俗影响。传统文化中的精神层面,值得我们进一步挖掘。

情感化

当我们无法控制用户时，就要想办法让他们参与进来，但要有所引导。我们不能让用户在每个层面都参与，也不能让他们随意发表好坏评价。因此，在这个过程中，要设置合适的开放参与节点。此外，还要设计互动方式，比如招募核心团队，让他们进行线下体验，然后给予一些引导性和标签性的内容，鼓励他们发声。这些都是我们可以做的事情。我们还会将相关内容提供给一些专业媒体，让他们制作PGC内容，包括扩散口碑事件，以此达到更广泛的传播。对于外围大众，我们可以通过奖励的方式，如发放小礼品等，鼓励更多人参与其中。

参与感

马上就能学的新媒体玩法

最后,让我们看看一些值得学习的企业行为。以海尔的"蓝微"为例,它在微博时代的表现非常出色。海尔蓝微迅速崛起,出乎所有人的意料。它最初只是公司内部一个小型新媒体小组,后来发展成为一个部门,人员不断增加,继而演变为海尔文化中心。最终,围绕新媒体这一领域,他们单独成立了一家盈利的公司。海尔不仅打造了强大的影响力,还实现了名利双收。

首先,他们做得非常好的一点是他们自己的运营是 IP 化的,就是去挖掘海尔跟用户之间真正的关系点到底在哪里。用冰箱、彩电去跟用户链接,给人的感觉是冷冰冰的,那该怎么做呢?他们就想起了之前的海尔兄弟动画片,这是每个人都有的童年印象,这个形象非常深入人心,也非常好玩,可以使品牌年轻化,从而可以跟各路有意思的媒体都互动起来了。

一旦建立了人格化形象,你就会发现运营的真正核心在于能为用户提供的价值。你与用户的关系取决于你能带来什么价值,无论是情感价值还是解决实际问题的价值。海尔的官方微博在这方面表现出色。它后来甚至火到许多粉丝跑到官微那里许愿,比如请求转告某位明星"我很爱他"。海尔官微会在微博上@明星的官方账号,说"某某粉丝让我转告你,我很爱你"。这种互动使官微成为了粉丝们心想事成的地方。海尔为用户做了很多有趣的事情。有人向他们求助，说："我从小脸上就高原红，可我是南方人，别人都以为我是西北来的。请问什么产品能解决高原红的问题？"海尔在解决用户问题的过程中，与他们建立了互动。建立联系后，海尔还善于借助明星流量。例如，当得知某位明星要结婚时，他们会直接@该明星，询问是否需要冰箱、空调，这种借力方式非常巧妙。

海尔做得非常出色的另一点是，它不仅影响力大，还实现了名利双收。除了海尔集团的整个官方微博矩阵，海尔自身还拥有多个官方微博账号，这些账号形成了自己的新媒体矩阵，包括海尔洗衣机、海尔冰箱、卡萨帝，甚至海尔地产等。除此之外，他们还设立了蓝V联盟。

我来举个例子。汾酒是我们合作了五六年的客户。他们在做封藏大典时，希望能让更多人知晓这一盛事。按照传统做法，企业会怎么操作呢？打户外广告、开屏广告，甚至不惜重金投放高铁广告，宣传"汾酒要做封藏大典了"。当然，作为酒企，他们有能力进行这种传统品牌操作。但这并非新媒体的做法。

那么，我们是怎么做的呢？我们与海尔的蓝V联盟合作，策划了一个"我有一坛酒"的故事征集活动。每个官方账号都有名额，可以向外派送酒——是头锅原浆酒的体验装，每瓶二两。在这次联盟合作中，几百个官方微博都来响应，影响力相当大。当我们发出一条信息后，几百个蓝V认证的微博全部转发这条内容，声量之大可想而知。

最妙的是，汾酒并没有花太多钱，只是提供了让用户体验的产品。对汾酒品牌来说，这款新品越多人体验越好。没有人体验，就没有对产品的评价和口碑，也就没有 UGC 了。我们联系了近两百个蓝 V 认证的微博参与"我有一坛酒"征文活动，非常有趣。

在这个过程中，我们还开展了许多公益活动，比如蓝 V 联盟的寻人通道、捐款慈善等。这些活动不仅为用户带来价值，还解释了为什么这些蓝 V 愿意与海尔合作：首先，大家都需要内容；其次，联合起来后，一群人能走得更远，传播力度更大，还能相互引流。

我们永远需要长期主义

再来分享一个美团外卖小哥的案例。大家都用过美团的服务，但可能不知道美团外卖小哥曾登上《时代周刊》。这个职业在国际上已经受到高度关注，这一点可能很多人没有意识到。

有趣的是，美团外卖小哥的形象最初并不好，甚至可以说是负面的。人们对他们的印象停留在学历低、不遵守交通规则、素质差等方面。但近几年，人们对美团外卖小哥的看法发生了变化，认为他们充满正能量。与这个主题相关的影视剧中，几乎都有外卖小哥的正面形象。

美团内部很早就开始讨论外卖小哥的形象问题。通过内部访谈，他们发现外卖小哥在送餐过程中做了许多温暖人心、富有意义的事情。比如，将突发疾病的老人送到医院，看到孤寡老人吃不惯外卖就把自

■ 新媒体运营管理

己做的便当留给老人，甚至跳河救人等。这些都塑造了外卖小哥的IP形象——他们是我们身边普通却充满温度和正能量的人。

回顾过去几年，我们可以看到美团外卖小哥的形象逐渐改变，越来越正面。从"外卖超人"到"城市新青年"，再到"时代的奋斗者"，直至如今的"城市新中产"，是一个循序渐进的过程。

美团小哥

美团内部一直在收集和分享关于外卖小哥的新鲜故事。这一职业现在受到了大众和外媒的高度关注，因为在国外并没有如此庞大的快递从业者群体，这是中国特有的现象。让我们思考一下：当这些从业者在工作中感受到社会和他人的善意时，他们会如何回报社会？相反，如果他们每天都带着负能量送餐，又会造成什么样的影响？因此，这种生态的转变和正能量的传递需要一个起点。美团在自己的生态系统中，将外卖小哥定位为这个起点。他们从外卖小哥开始，表彰杰出榜样，赞扬他们的温情举动,通过表扬和奖励来不断传递善意和温暖。

我们的机构、园区和企业也应该成为长期主义的践行者。当我们认同某个正能量价值观时,就要坚持不懈地传播,与各界互动,持续传递这些正能量。这才是最关键的。

最后,我想与大家探讨"用户"和"粉丝"这两个概念。它们的区别在哪里呢?在互联网时代之前,我们在商业领域更常用"消费者"这个词,比如"消费者权益保护日"。顾名思义,消费者就是花钱购买产品或服务的人。进入互联网时代后,"用户"这个词变得非常普遍。以360公司创始人周鸿祎为例,他率先推出了免费策略,让人们可以免费使用杀毒软件。在这种情况下,即使不花钱,使用产品的人也被称为用户。

微博将关注者称为"粉丝"。当微博邀请我为他们做内部培训时,我立即指出这种设计可能会误导公众。将关注者称为粉丝并不准确,他们实际上只是关注者,或者可以称之为用户。使用微博的人怎么能都被称为粉丝呢?

如今,"粉丝"这个词在许多人眼中已经带有贬义或歧义。人们倾向于认为它不是一个好词,常常将其与饭圈经济、私生饭等负面概念联系在一起。其实"粉丝"这个词本身是个很好的词。

粉丝实际上是支持者。粉丝与普通用户的最大区别在于情感联系。只有与你有情感联系的人才能称为粉丝,没有情感联系的都只是普通用户。有情感联系的人，即使你遇到问题，他们可能仍然会支持你。他们会客观看待问题，因为人无完人，产品也不可能十全十美。只要能够真诚地与粉丝沟通，只要继续在前进的道路上，粉丝就会一如既往地支持你。所以，请把时间"浪费"在支持你和你支持的人身上。

第六章

如何助力文旅、文博场景开展新媒体传播：三山五园创新运营对数字经济发展的启示

如何在数字时代让古老的文化遗产焕发新生？本章揭示了文化遗产与现代科技的融合之道。

在网络时代和全球化背景下，我们需要重新认识文化遗产的重要性。作者指出，我们应该用全球化的视角来看待三山五园这样的文化遗产，将其置于世界文明发展的大背景下进行考量，充分挖掘其历史价值与艺术价值。

在数字经济方面，当前经济发展的新趋势强调从传统要素向创新驱动转型。文化产业的发展需要进行观念创新、模式创新等，才能真正创造价值。尤其是通过互联网和数字技术，文化遗产可以获得新的传播渠道和发展机遇。我们可以讲述它的故事，让它焕发出新的生命力。这不仅是对文化遗产的保护，更是让中华文化以更富魅力的方式走向世界的机会。

▎新媒体运营管理

王国华

- 博士,现任贵州城市职业学院校长,曾任北京工业大学教授、北京工业大学文化创意产业研究所所长,博士生导师,教育部重大项目评审委员。
- 北京大学文化产业研究院、清华大学继续教育学院、中国人民大学培训部、华中师范大学、中南财经政法大学兼职教授。
- 中国电影家协会高科技委员会副会长,中国武当山文化研究会副会长,民政部专家委员会副主任,建设部科技委员会国际城市案例研究会委员。

第六章
如何助力文旅、文博场景开展新媒体传播：三山五园创新运营对数字经济发展的启示

我为这篇文章定的主题是，三山五园的创新运营对数字经济发展的启示。

我想从这三个方面给大家讲一讲：首先，探讨对三山五园历史文化资源的认知；其次，分析目前如火如荼的数字经济与这些历史文化资源的关系，以及如何运用数字化理念和技术来激活这些文化瑰宝；最后，讲讲文化遗产的数字化传播如何成为文明传承和文化再造的最佳途径。

今天我们正身处网络时代，它正深刻改变着我们的生活、生产和生存方式。许多人可能尚未意识到，全球化本质上是以互联网为基础技术的全球信息传播过程。全球化实际上缔造了"地球村"，这已成为一个不可逆转的历史进程。互联网彻底改变了人们的生活方式，使我们接收信息的速度更快、范围更广、普及度更高。

全球化不等同于美国化或西方化，相反，它为各民族、部落提供了平等的传播机会。那些在民间长期流传、根深蒂固的文化，可在全球化时代迅速传播。因此，每个人都应成为全球化、网络化和数字化的积极拥护者，因为我们都从中受益。如今，互联网技术正在改变我们的观念、对资源和能源的认知，以及市场格局。毫无疑问，中国是全球化最大的受益国之一。

中国加入世贸组织后，开始在960多万平方公里的国土上生产并向全球销售产品。若没有这种走向世界的过程，我们不可能在几十年

的改革开放中实现如此快速的增长。

此外，互联网环境下的云计算、智能制造和移动网络带来了革命性变化。我清楚地记得，2012年《参考消息》刊登了一篇关于新兴科技引领新经济发展的文章。文章指出，美国自信能通过云计算、智能制造和移动互联网这三项科技创新，在未来50年继续引领世界经济。

在这样的背景下，我们更应该用全新的技术和理念来看待传统资源。

用历史与世界的眼光认知文化遗产

三山五园，包括万寿山、香山、玉泉山，还有颐和园、静宜园、静明园、畅春园、圆明园。大家都熟知其中的一些景点，然而，对于静宜园和静明园，许多人却不太了解。我在北京工作生活二十多年，起初也对静明园、静宜园知之甚少。大家之所以熟悉圆明园，是因为它在小学课本中出现，还有英法联军火烧圆明园的历史事件广为人知。

三山五园是北京园林文化的精髓，是中华园林文化的璀璨结晶，以及皇家生活方式、宜居环境构筑和审美诉求的完美融合。它不仅体现了"天人合一"的境界，还展示了因势利导的高超技艺。三山五园的哲学意境体现了中华园林文化的审美观、古典生态的伦理观、儒家

第六章
如何助力文旅、文博场景开展新媒体传播：三山五园创新运营对数字经济发展的启示

的道德观，以及帝王将相和文人学士的幸福观。对当代社会而言，三山五园启示我们如何营造宜居环境，如何实现人与自然、人与社会、人与人的和谐共处，为我们提供了丰富的精神资源。

目前，三山五园的价值与现代功能需要重新定位。北京市政府，尤其是海淀区政府，在挖掘三山五园文化价值、发挥其文化功能方面，开展了许多有意义、有效的创意工作。例如，连续多年举办三山五园论坛和讲座，以及建设了36.8公里的连接三山五园的骑行和步行绿道，这些都是创意运营的体现。为了更好地讲授这门课，我还特意骑自行车实地考察了一圈。

在这里我不想重点讲述三山五园的建筑和园林技巧方面的美学韵味。相反，我想跳出具体的园林结构和建筑特色分析，重点阐述如何发掘三山五园的现代价值和功能，特别是如何进行数字化传播。三山五园为我们的文化产业、创意产业提供了极佳的平台。它不仅是一种物理资源，更是一种独特的文化资源，能够通过嫁接、传播和再造，孕育出众多新的文化产品。

我们曾经局限于从中国或本地区的角度看世界，现在我们用全球化的视角来认识文化遗产。周有光先生——这位活到111岁的学者——曾经精辟地指出，全球化带来了世界观的根本转变：从过去的"以国家看世界"转向了"以世界看国家"。这种新的世界观让我们能够全面地观察整个世界，要求我们重新构建对一切事物的认

知。周老先生的洞见确实令人敬佩。

对于三山五园这类文化遗产，我们不应仅仅从中国古代历史的角度来审视，更要将其置于世界文明发展的大背景下来考量。这种全球化的视角要求我们特别重视前瞻性思维和理论创新，这对于全球化、数字化和互联网化时代尤为重要。传统的思维方式往往倾向于逆向思考，动辄引用三皇五帝，言必称尧舜，将理想时代投射到遥远的古代。即便是对传统的突破，也常常采取"托古改制"的方式，带着浓厚的怀旧情结来观察和评判现实。面对新的观念和理念，这种思维往往不是冷静分析，而是根据既定标准进行批评和抵制。全球化和数字化无情地打破了这种思维定式，它们超越了我们传统的理论认知，颠覆了过去的思维模式。

我在攻读近代经济史博士学位时，我的导师——学者章开沅先生——常常教导我们：历史虽然已成为过去，但史学研究对历史资源的探索却是永无止境的。因此，我们必须以全球化的视角来看待我们的资源，无论是文化遗产还是丰富的历史积淀，都需要用全球化的眼光来审视。

随着社会需求不断升级，科技日新月异，我们的价值观、生产方式和消费模式都在经历着难以预料的变革。为了满足这些不断变化的社会需求和人类欲望，各种生产方式也在随之发生多样化的转变。产业的持续转型升级已成为经济、社会发展以及各级政府必须

第六章
如何助力文旅、文博场景开展新媒体传播：三山五园创新运营对数字经济发展的启示

面对的重大经济现象。

纵观历史，基于自然、社会和人文环境的差异，世界范围内形成了三大园林体系。其中，西亚园林体系以诞生了巴比伦文明的幼发拉底河和底格里斯河流域为代表。古老的巴比伦文明在《圣经》中多有记载，特别是在《旧约》中，就有关于巴别塔（通天塔）的传说。尽管这些可能带有神话色彩，但它们确实构成了西亚园林体系的重要组成部分。

第二个园林体系就是欧洲的园林体系。欧洲造就了规则式的园林风格，展现了人类主宰自然的力量和智慧。

第三个是中国的园林体系。相比之下，中国形成了风景式的园林格调，体现了天人合一的境界和因势利导的高超技艺。这是中国园林和西方园林的显著差异。后来许多欧洲人对中国园林艺术产生了浓厚兴趣，在中国的基督教传教士带回去了有关中国皇家园林的知识，影响了欧洲人对异国情调花园的喜好。18世纪明朝末年，中国园林大师计成完成了著作《园冶》，这部作品在国内发行有限，却在日本几乎家喻户晓。《园冶》是目前保存最完整的中国园林理论著作，值得我们深入研究和比较分析。

我们必须改变对文化遗产资源的认知。目前，我国经济正处于调整期。在生产要素投入方面，我们正从以传统的土地、金融和劳动力等一般要素为主，转向以创新驱动为主，重点关注人才、信息、

创意等高级要素。经济学研究者都知道，古典经济学强调资金、土地、劳动技能，而新经济学更侧重信息、人才和创意。

文化产业的发展动力不仅依赖于促消费、扩内需和增加出口这"三驾马车"，还要更多地转向依靠制度创新、结构优化和要素升级等新动力源泉。在这一经济发展大背景下，我国文化产业要实现可持续发展，必须进行观念创新、制度创新、模式创新和路径创新。没有这四个创新，我们要达到"四个自信"仍然困难重重。

互联网加速了全球化进程，推动信息技术进入大数据时代。如今，衡量一个地区的发展程度，不再仅仅看 GDP，更要关注其大数据积累和处理能力，这一趋势非常明显。

2023 年我考察了贵州的情况。那里有个传统村庄举办了"村 BA"和"村超"活动。从 2023 年 5 月 13 日到 7 月 29 日，这些活动在全球获得了 600 亿次点击，在海外引起的反响甚至超过了国内。榕江这个小村庄有着悠久的历史，抗战时期广西大学曾迁入榕江。通过数字化传播，我们从中看到了中国新兴产业的潜力，也洞察了未来中国民众需求的发展趋势。

互联网正在向云计算演进。云是由数千个、数万个数据中心组成的网络，与之相比，20 世纪 90 年代的超级计算机就像是史前时代的产物。从社交媒体到基于语言数据分析的革命性突破，大数据处理能

第六章
如何助力文旅、文博场景开展新媒体传播：三山五园创新运营对数字经济发展的启示

力已经开创了前所未有的服务业态。

过去，经济发展主要依靠增加工厂数量和就业岗位。而现在，真正的就业机会在数据化和数据处理领域。未来，机械制造等有形物质生产在人类生产活动中的比重可能不会超过 40%。

2023 年 6 月，据一份当月的纽约报纸报道，美国近五年来的物质生产仅占总生产的 60%，预计这一比例还将以每年约 10% 的速度下降。未来，精神产品可能占据更大生产份额。像我们今天举办的讲座、各种交流、研讨会和视频等，将成为一个全新的市场，持续改变我们的生活方式和交换方式。

全球化不仅是一种经济现象，更是一种文化和学术现象，它正在重塑我们的民族文化和学术研究，改变我们思维的参照体系。我们的坐标系已经发生变化——从过去的三皇五帝、边界、疆域、部落，到现在的全新参照系。这要求我们同时具备民族性和全球性的思维方向。民族性指的是传统的部落、民族和现代国家疆域，即地缘政治；而全球性则是从全人类的角度来看。

长期以来，建立在领土和疆界之上的民族国家一直是我们想象的基本依托和坐标。然而，全球化进程正在无情地撼动民族国家的传统疆界。全球化是一个跨越国界的过程，全球性是人类对自身民族的一种超越。它要求我们既进行民族思考，又学会全球分析。虽然国家民族仍是我们进行比较分析的重要坐标，但全球社会应当成为未来比较

研究的根本参照系。从全球视角来看，我们应该关注是否真正在全球占据领先地位，是否在基础领域有所作为。这正是我们在互联网时代需要具备的重要视野和视角。

重新审视文化产业

许多人认为，像三山五园这样的历史文化遗存只能算作公共文化事业的发展资源，只能依靠国家投资，不能归入文化产业范畴。对此，我在北大的几次论坛中也阐述了自己的观点。以芬兰为例，他们将文化产业分为两类：一是都会性文化产业，二是地方性文化产业（即本土化）。地方性文化产业包括：（1）地方文化传统产业（如传统文物、古董业、传统民俗聚落、乡土文化产业、历史古迹、风俗民情、民俗文艺活动）；（2）地方特色产业；（3）地方民俗节庆活动；（4）地方休闲文化产业（文化、名胜等）。与我们隔海相望的新西兰，更是将文化服务、社区服务、学前教育和宗教组织都纳入文化产业范畴。

因此，作为文化遗产的三山五园，应该走向国际化。我们应该向世界传播中华园林体系的哲学韵味，展示我们对人类文化的贡献。

我认为，以国际化视野和全球化坐标来看待三山五园这样的历史文化资本，是一种必要的视角。过去，大多数文化产业部门的前身都是国有企业单位，因此长期以来，文化并不被视为产业。直到"十五

第六章
如何助力文旅、文博场景开展新媒体传播：三山五园创新运营对数字经济发展的启示

大",文化才开始被称为产业,使用了 culture industry 这一术语。其实早在 1927 年,德国的法兰克福学派就提出了 culture industry,即文化工业的概念。随着科技的不断进步,人们对精神产品、文化产品的消费需求越来越大,文化产业的出现是必然的。

20 世纪 90 年代,我国许多文化事业单位向产业实体转制时,改革的动因主要来自政府,政府在很大程度上替代市场行使了资源配置的功能。因此,这种转制并未从本质上脱离政府办产业的框架。未来,我们还需要思考如何通过市场化手段来配置资源。这是一个值得我们深入探讨的问题。

过去的做法存在两个主要弊端。

第一,政府包办。文化产业部门难以摆脱对政府的心理依赖,政府意图往往凌驾于市场之上,导致效率低下。这在演艺产业尤为明显。领导决定题材、提供舞台、定义内容,这种方式难以形成富有活力的产业,还进一步强化了依赖。

第二,缺乏个人责任。政府仍然行使产权所有者的职责,导致文化产业部门缺少个人化的风险承担和利益驱动。这就缺少了有效的激励和约束机制。更糟糕的是,行政权力与商业资本的结合可能引发权钱交易。

因此,许多人主张政企分开,让文化产业部门成为真正的市场主体。对于转制困难的一线文化产业部门,可以考虑采用企业承包的方式。

但我要强调，这种观点并不适用于三山五园这样的机构。我是从整体角度，考虑中国文化向产业化、市场化发展，是从如何满足未来老百姓消费需求的角度来谈的。

实际上，文化事业也包括公益性、非营利性组织和公共部门，并非都是企业，这是全球通行的。我们应该选择性地推进部分领域的产业化，将部分发展为营利事业，同时保留一部分在政府机构中。

这样做有两个主要原因：首先，文化的价值不应完全被企业运作逻辑左右；其次，文化事业无法全面产业化，特别是某些公共服务性质的文化事业。比如教育就不能产业化，否则可能导致文凭买卖，危及国家未来人才培养。虽然欧美发达国家公办学校较少，但它们的学校多为教会或市场化的非营利性机构运营。

值得注意的是，没有哪个国家能完全依靠文化产业自身的收入来支撑整个文化产业的发展。同时，文化发展能惠及国家各个领域的人。因此，所需经费不应仅由事业体本身承担。文化产业的经费，除了文化企业本身的营运收入外，仍须仰赖：（1）政府直接或间接的投入；（2）社会赞助；（3）其他行业对文化产业的投入。一些人认为所有行业都转制，这种观点其实是不正确的。有时候承包企业只顾着商业利益，未必懂文化，仅发展出了产业，却形成不了文化产业。像某些古迹承包给商人经营管理后的情况，可为殷鉴。

也有一些领域如博物馆和文化馆仍由国家全额补贴，其中就包括

第六章
如何助力文旅、文博场景开展新媒体传播：三山五园创新运营对数字经济发展的启示

三山五园这样珍贵的皇家园林。我们可以通过多种形式对其进行创新性经营。我想分享一个重要观念：非营利性机构并不意味着不盈利。国际文化产业运营经验表明，非营利性机构可以盈利，但盈利所得应该投入文化产业的发展中，而非成为个人收益。

以美国大都会博物馆为例，它是世界四大博物馆之一，也是我们从事国际旅游时常去的景点。作为典型的非营利性机构，大都会博物馆通过创意产品获得了可观的利润。我印象最深的是他们售卖的精美小纪念品，价格从两到五美元不等，都带有大都会的 logo。有些游客一次购买数额高达一两万元人民币，我问他们为什么买这么多，他们说这些美国制造的纪念品很棒，可以带回去送人，千里送鹅毛，礼轻情意重。这让我很感动。事实上，大都会博物馆的纪念品在各大机场和公共场所都有销售。我在北京的礼品研讨会上多次强调，我们应该挖掘礼品的文化创意价值。如何在这些产品中注入深厚的文化内涵，这就是创意，这就是艺术，这就是哲学精神。

因此，我认为这里存在一个观念上的区别：文化资源和文化资本。许多人将二者等同，认为资本就是资金。但如今，越来越多的国家意识到资本不仅仅是资金，文化资本的概念更加普及。在商业领域，技术、人脉、声誉、品牌和专利都可以替代或补充资金，参与股份分配。在专业技术支持和知识产权归属方面，这种趋势越来越明显。我们常说的"知识产权"就是这个概念的体现，这并非西方独有的观念。

当前社会仍然存在陈旧的资金思维。所谓"招商引资"，实质上只是吸引资金，而对引进人才、技术、专利等缺乏新观念、新方法和新制度，也不够重视。

据统计，全国特色小镇的运营呈现两极分化：少数非常成功，大多数却举步维艰。失败的原因何在？那些经营不善的小镇，往往投资数十亿元用于基础建设，却只花几百万元甚至几十万元随意找人做文化概念规划，而不明白大投资的核心在于独特的创意。

我曾为密云做"十一五"规划时提出建议：利用司马台长城和水库打造一个北方水镇。北方缺水，我建议引入类似王家大院、乔家大院的元素。中青旅就看中了这个创意。事实上，创意至关重要。很多人认为花几十万元只是个由头，不过是讲个故事、提几个概念，几页纸而已，值什么钱？殊不知，最有价值的恰恰在这几页纸上，甚至在几句话里。

因此，我们必须认识到，如果这里有了思维误区，后面的几十亿元投资可能就会付诸东流。我在担任湖北省住建厅宣传处长期间深有体会，许多人只注目于建筑的表面——看着那个柱子，看着那个天花板，却看不到建筑所蕴含的思想价值和文化创意，认识不到这才是真正的资本。若缺乏文化创意资本的注入，众多文化项目都会打水漂。在文化发展过程中，我们必须妥善处理硬件与软件的关系。

当前，文旅产业在乡村发展中尤为突出，体现了文化与旅游的紧

第六章
如何助力文旅、文博场景开展新媒体传播：三山五园创新运营对数字经济发展的启示

密结合。文旅产业的核心在于"以文为魂，以旅为体"。旅游是载体，而文化——特别是其中的创意——才是核心。若要举例说明，出版业无疑是一个重要代表。现代出版业涵盖影视、软件、数据处理和自媒体等领域，这正是我们所说的信息或内容产业。未来社会中"内容为王"，内容是至关重要的。若不具备内容创造能力，仅仅依赖学习和模仿，就不可能在国际市场上具备竞争力。

所以说，整个文化产业的核心就是创意，是能够提升整个文化产业品质的内容创造。软件建设是文化繁荣发展的根基。以深圳为例，其文化产业最初的品牌是华侨城，从民俗文化城、锦绣中华到世界之窗，都是由港中旅和港国旅团队打造的。我当时正从美国迪士尼乐园回来，与他们进行交流。他们在硬件方面取得了诸多优势，自 20 世纪 90 年代以来，发展势头迅猛，欢乐谷等多个主题公园向湖南、北京乃至全国各地输出资本、管理经验和品牌。然而，就深圳而言，这些旅游景点的产值和出版业相比悬殊，可谓小巫见大巫。

让我用一些数据来说明：2001 年，深圳印刷产业的产值达 117 亿元，增加值 35.1 亿元；报业产值 14 亿元，增加值 5 亿元；期刊业产值 1.2 亿元，增加值 0.3 亿元。相比之下，旅游业中的景点业（包括主题公园、历史遗迹、纪念地等人文景观）合计仅 15.19 亿元，增加值 4.6 亿元。深圳主要文化产业的年产值为 178.24 亿元，旅游景点占比不到十分之一，远低于出版、印刷等行业，仅与报业相当。

由此可见，出版业在文化产业中不仅处于核心地位，产值也相当可观。我所说的是广义的出版，比如本书将讲座内容整理出版为专著，制作成短视频和微视频，打造完整的产业链，将带来全新的产品价值体系。当今，某些景点或微视频的声音传播、品牌传播影响力巨大，不仅仅是榕江村超，还有许多例子让人印象深刻。比如瑞幸咖啡推出的茅台酱香拿铁，据说一天内售出几十万杯，一度脱销。我的学生还去排队，我问他："那东西好喝吗？"他回答："王老师，您是不是太土了？这就是潮流。"这一点值得我们关注。

现代出版业是创意的数字化、纸质化和场景化的呈现形式。过去，学术界注重职称、专著和核心期刊，但这些只是学术的一个方面。如果不改变这种评价方式，即便是北大的数据库，如果仍然只依赖核心期刊来评定，也会落伍。未来，那些点击率高、阅读量大的作品将更受重视。我有个学生告诉我："王老师，我的博士论文只有三批人看：导师、评委和出版社的编辑。但我把精炼后的论文发在互联网上传播，有30多万人看。"我问他怎么知道，他说看点击量就知道了。这就是文化创造再传播的价值。

保护文化遗产

我认为，文化遗产是不可再生的文化资源，也是推进文化产业发展的重要资本。众所周知，文化遗产的价值主要源于文化资源，但如

第六章
如何助力文旅、文博场景开展新媒体传播：三山五园创新运营对数字经济发展的启示

何利用这些资源却方式各异。有些人善于将文化资源转化为源头活水，而另一些人则采取杀鸡取卵、竭泽而渔的方式，大肆消费乃至消耗文化资源。遗憾的是，后者情况较为普遍。

中国是世界文化遗产申报最多、最积极的国家。然而，许多地方申报的动机值得深思。它们并非真正重视遗产本身，而是将申报视为制造新闻、创造业绩、吸引商人和游客的手段。

但是，申遗若不是为了珍惜文物、关心历史、保护自然，而仅仅是为了赚钱，那么申报成功后的古迹就可能沦为"敲门砖"——门一旦打开，砖便被弃置一旁。荷包赚满了以后，谁还会关心那些可怜的遗产？

2005 年，第 28 届世界遗产大会上，联合国教科文组织对中国大陆的 5 处遗产提出警告，要求重新评估。这 5 处遗产包括：紫禁城、布达拉宫、苏州园林、武当山和云南境内三江并流。中国成为全球受到评估最多的国家，如果评估不通过，这些遗产将面临被除名的风险。

因旅游发展而导致文物和自然环境受损的例子比比皆是。我在国际旅游业工作多年，了解到欧洲，特别是意大利的做法值得借鉴。那里的历史城市在规划和改建时，必须由总建筑师、总文物保护师和考古总监联合签字才能进行。业主和厂商不能擅自行动，即便是政府也不能随意处置文物。

另外意大利的民间组织"我的意大利"在全国拥有百余个分部、数十万会员,能够发挥强大的监督作用。国会和法律界对破坏文物的行为也绝不姑息。而且,当地居民在文物保护中也扮演着重要角色,因为任何改制和规划都需要居民同意。

因此,文化遗产的保护至关重要。像保护母鸡才能不断获取鸡蛋一样,只有妥善保护这一宝贵资本,才能持续获得收益,确保文化资源成为源源不断的活水。

曲阜的孔庙曾被一家公司承包,该公司竟用水龙头冲洗梁栋,导致上面的雕龙画全部被冲掉,引发舆论哗然。相比之下,欧洲的文物维修工作极为细致。以罗马的图拉真纪功柱和土耳其君士坦丁堡的凯旋门为例,清除其污垢时既不能刷也不能洗,而是使用特殊喷雾。这种方法需要等待结构软化后,再一小段一小段地清理,每段喷雾处理需要三个月,清理工作则以厘米为单位进行。由此可见,古迹维修需要大量科学实验和研究,还需要严谨的科学态度,在学术研究人员的指导和学术机构的支持下细致施工,这已成为国际惯例。

1933年的《雅典宪章》、1964年的《威尼斯宪章》、1999年的《乡土建筑遗产宪章》,以及联合国教科文组织领导下的国际古迹遗址理事会(International Council on Monuments and Sites,ICOMOS)历次制定的规范,都对文物修缮和保护有详细规定。然而,

第六章
如何助力文旅、文博场景开展新媒体传播：三山五园创新运营对数字经济发展的启示

中国大陆在这方面的国际化程度还有待提高。国内专家和学术机构对地方建筑和新建项目的做法常有建议，但有时感到力不从心。

实际上，我国公民的旅游、休闲度假、生态之旅和历史知性之旅，其层次和性质各不相同。其中，开发自然资源和祖宗遗产看似最容易，许多人认为拥有故宫就像拥有一台印钞机，纯粹从赚钱的角度考虑问题。以湖北的黄鹤楼为例，有人说："我也能建个楼。"我回答说："你那个楼恐怕一个人都不会去。"黄鹤楼承载着丰富的历史文化，有李白的诗篇流传于此，岂是随便建个楼就能比得上的？这凸显了文化理念的重要性。

实际上，利用自然资源和祖先遗产是最具挑战性的。这涉及大量知识和技术，尤其是在介绍、保护、开发和利用自然生态环境和古迹文化方面。这远非简单地在古迹门口摆张椅子、摆个凳子或设置收费站就好了。目前，自然生态研究、文物考古、资源保护和城市规划等领域的学术力量相对薄弱。小型景区尤其难以得到充分关注。因此，地方政府经常盲目行事，直到游客强烈反馈、问题爆发甚至闹出国际笑话了才想办法去弥补。

因此，我们强调文化遗产研究必须得到文化和科技的支持。没有科技机构的参与，单一组织的发展是不可能的。优秀的文化遗产传播能改变人类不良的生活方式。正如莫言所言，我们要通过文学作品告诉人们，在资本、贪欲、权势刺激下的科学的病态发展，已经使人类

丧失了许多情趣且充满着危机。他说，我们要通过文学作品告诉人们，悠着点，慢着点，十分聪明用五分，留下五分给子孙。我们应该利用优秀的文学作品和文化服务，如三山五园这样的文化遗产，来改变人们的生活方式。文化和艺术的价值在于提升人的灵魂、增进品位、沐浴心灵。

供给与需求模式创新

这些都是人类社会发展的规律。欲望与能力的交织构成了人类社会的发展曲线，社会发展必须保持适当的平衡才能持续。我们依然需要旺盛的需求和充足的供给。要形成繁荣的经济活动，就需要对现有的供给和需求模式进行创新。这里不再过多强调理论层面的内容。

现有的供给模式仍然立足于原材料和能源的刚性约束，例如有限的化石能源。然而，科技进步带来的新供给方式将不断突破传统资源的刚性约束。需求模式也在发生变化，从以食物为核心转向追求内容、文化、感受和体验等更接近人类本质幸福感的需求模式。

供给和需求是一枚硬币的两面。没有优质供给，就无法满足需求；反之，没有新需求的创造，也不会有新产品的诞生。长期以来，技术进步主要基于供给的改进。整个工业文明对供给的主要贡献在于改变供给方式、内容和数量，这主要依靠科技和数字化实现。

每项新技术的诞生都会带来一批新产品、新人才和新企业。这正

第六章
如何助力文旅、文博场景开展新媒体传播：三山五园创新运营对数字经济发展的启示

是美国硅谷的经验。

谈到需求创新，我认为需求主要应满足人们的核心向往，即真正触及人心的东西：幸福感、新鲜感和体验感。这种由内而外产生的满足感，才是人们真正的需求。

有学生问我何谓幸福，我觉得幸福是从较低层次的满足向较高层次的满足迈进的过程。比如，早上吃稀饭馒头，中午享用海鲜，晚上品尝更高级的美食，这种递进就是一种满足感、幸福感的体现。

我认为当前的需求创新主要体现在以下几个方面。

第一，减少不可持续的支出和消费，转向可持续、可循环的需求。例如，从传统燃油车转向新能源车——电动车、氢能车等。中国在这方面表现出色。针对这个趋势，欧盟发布了一份长达500多页的政策文件，旨在解决谁引进、谁治理污染和降解的问题，因为电动车电池的降解是一个重大挑战。

第二，从以物质和资源为基础的"硬消费"经济发展模式，转向以文化和感受为核心的"软消费"模式。以旅游业为例，游客留下的是金钱，带走的是印象和感受。西方旅游业强调三个关键词：体验性、参与性和互动性。这三个特性都以人为本，强调人在特定场景、景观中的价值，以及整个过程中的价值。

过去的旅游基本上缺乏互动性和体验性，强调感受和感觉，这与时代有关。"山不在高，有仙则灵；水不在深，有龙则灵。"这种观

念可能让现代人难以理解，他们会问："为什么山不嫌高？仙是什么？龙又是什么？"这正体现了中国传统旅游的特征——注重文人学士的独自徘徊、个人诗意的解读，让人浮想联翩。

相比之下，现代大众旅游强调参与性、互动性和体验性。以迪士尼乐园的太空世界为例，游客一坐上设备，立即有云彩和星星飞过，必须去触摸那些装置，才能感受到刺激感。

第三，我们需要从刚性的资源和能源储备，转向柔性的、循环的、可持续增长的方向。

第四，我们应从后工业时代的物质消费，转向现代信息时代的体验和内容消费。以三山五园为例，我和清华大学的一位计算机老师讨论过，可以制作一个数字化的文脉地图。这将非常有意义，比如点击某个位置，就能了解到"这里是康熙大儿子被囚禁的地方"等历史信息。这个想法被南京的一位朋友采纳，他向江苏省申报了江苏文脉地图项目。这种做法可以推广到各省市，比如用"这里关公来过""这里苏东坡来过"等，来吸引人们的注意力和点击量。三山五园有许多元素可以被数字化、场景化、再现化，能在视觉、听觉和感觉上为游客带来互动性、体验性和感受性。这正是需求的创新。

新技术催生新的商业逻辑

2012年，一位澳大利亚大学生开发并上架了"我的狗在哪里"这

第六章
如何助力文旅、文博场景开展新媒体传播：三山五园创新运营对数字经济发展的启示

款应用。他利用了苹果手机的开发平台，只需支付 100 美元成为会员，就可以在一年内发布三个应用程序。创作者能获得 90% 的收益，平台仅收取 10%。这位学生在不到半年的时间里就赚了 1 亿美元。用户只需花 1 美元就能随时定位自己的宠物。这个例子生动地展示了科技进步带来的机遇。

如今，市场更广阔、范围更大，能深入更多的社会圈层。新技术催生出新的产业形式、交易模式和消费方式，创造出崭新的商业逻辑。

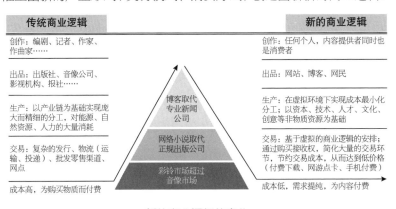

新的商业逻辑的变化

《第三次工业革命》一书中指出，在丹麦、挪威等北欧国家，80% 的工作岗位不是由传统企业提供，而是由网络平台创造的。未来，政府和企业可能不再是主要的就业岗位提供者，取而代之的是广阔的网络空间和各种各样的"网络游民"。我认为，这反映了一个重要的

逻辑转变：去工业化、去物质化，在虚拟环境中完成从供给到消费的全过程。

传统的创作模式正在发生变革。过去，我们熟悉的创作者是编剧、记者、作家、作曲家，以及出品方、出版社、音像公司等。而现在，每个人都可以成为创作者，随时随地都可能是内容消费者。比如网络小说现在不需要通过传统出版社发行，而可以直接在自己的平台上发布。如今，微博、朋友圈等成为主要的传播渠道，而且还在不断涌现新的传播方式。

生产方式也在发生变化。过去的生产基于庞大而精细的产业链分工，需要大量消耗能源和自然资源。但现在，在虚拟环境下，生产可以实现成本最小化、分工自由化，主要依靠资本、技术、人才和文化。总的来说，网络化和数字化使得交易成本降低，需求更加纯粹，人们更愿意为优质内容付费。

例如，音乐产业的流程发生了巨大变化。过去是寻找新人、媒体打包、电台打榜、MTV 拍摄，而现在则是网络下载、彩铃下载、媒体包装和推荐。当前，网红经济蓬勃发展，有些人可能不太理解为何网红能赚取数十亿元。我认为，这源于人类的基本心理需求。那些外表出众、才艺突出、表现形式新颖的人往往能吸引更多关注，获得更高的点击率和更长的存活期。这本质上仍是基于人性的需求。

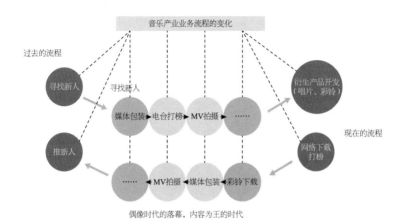

音乐产业业务流程的变化

此外,这种新模式彻底改变了产品的流通方式。传统的批发体系——一级批发、二级批发等已不复存在。如今,网购已成为大城市生活方式中不可或缺的重要组成部分。

当前正在发生的变革还包括智能家电的普及,定制化和远程控制生活的出现,以及 VR、AR 技术的应用。这些技术已被讨论多年,如今在我们的日常生活中,特别是家庭场景中,这些变革正在加速。

未来,每个家庭可能都会拥有这样的智能房屋。过去,富裕人群为了享受影院体验,会在家中打造家庭影院。这种需求很可能会成为普遍现象。我在贵州参加数博会时,购买了一台价值五千多元的极米投影仪。我非常喜欢它,每天在家用它看电影,尤其是枪战片,感觉特别舒适。每月只需支付三十几元的观影会员费,就能在家中享受到过去需要到电影院才能获得的体验,省去了停车、找座位等麻烦。

电影被认为是 20 世纪人类社会最伟大的发明之一。哈佛大学的管理学家彼得·德鲁克曾说,20 世纪最重大的发明不是原子弹,也不是弗洛伊德的精神分析学,而是电话和电影。为什么呢?电话让全球 70 亿人只要拿起话筒就能传递信息,比如"××,回来吃饭吧",电话接收信息、传播知识,只要你没有失聪就能使用。而电影则能让所有没有失明的人看到过去、现在和未来的生活。

我家的孙子看《侏罗纪公园》时,眼睛瞪得大大的,这种体验对孩子的心灵有着巨大的刺激和引导作用。因此,我建议大家不要禁止孩子和朋友看电影,看电影是最好的体验之一。我认为电影仍然是人类最精彩的艺术形式,好的作品看完后会让人连续几天几夜都充满兴奋感。

在这种背景下,液晶显示材料已成为高级装饰材料,很多大厦外立面、室内设计都采用液晶显示屏作为装饰的一部分。它实现了远距离的情感与体验传递,让人们可以在家中创造旅游体验场景。远程问诊、3D 摄像头、温度测量仪等设备现在都可以通过智能手机实现。一切都变得简单化,这就是科技改变生活。

从经济学角度来看,全球经济价值规则正在发生变化。需要强调的是,从事物质生产和传统 GDP 创造的人口比例正在减少。50 年前,四分之三的人口进行可见的物质生产。而今天,全球只有三分之一的人口从事物质生产行业。另外,单位 GDP 中物质成分的比重也在降低。50 年前,全球 70% 的 GDP 与具体物质相关,而今天这一比重已降至 30% 到 40%。我们已进入服务业经济时代,更多地服务于人们的心理需求,而非依赖物质创造价值。

因此,我们可以看到,在后工业时代,全球经济正通过更少的人力和物质投入来实现效率的提升和经济的增长。

此外,虚拟时代的到来使需求差异化日益明显。依赖物质的人更倾向于消费实物,而追求精神的人则更多地消费精神产品。因此,未来文化产业将成为北上广深等大城市最重要的产业之一。我常说,文化产业是文化工作者自救的最佳途径。掌握满足人们精神需求的技能,在未来时代必将游刃有余。

数字经济改变人类社会

接下来讨论如何用数字化理念和技术活化文化遗产。我们已进入数字化时代,经济活动大多以数字化形式呈现。这本质上是移动互联网时代的体现。移动互联网使用时长已超过个人电脑使用时长,且仍在快速增长。移动互联网的商业模式正迅速成熟,其包含的潜在机会是个人电脑互联网的数百倍。

互联网的迅猛发展使越来越多的计算机互联,产生了诸多新现象。这些现象标志着数字化时代的到来。移动互联网将更多实体、个人和设备连接在一起，使互联网不再仅仅是经济的一部分，而是成为主体经济中最重要的组成部分。可以说，如今"无网便无事"。

我最近看到一部美国大片，讲述前国防数据总参窃取国家网络，制造了许多恐惧情绪，引起了广泛关注。这反映了我们正处于一个关键时刻。无论是纯互联网公司还是传统行业，如果没有把握住数据产业的机遇，未来都将面临巨大风险。如果企业家认为互联网与自身行业关系不大，或者想结合互联网却忽视了移动互联网的特性，未来很可能被边缘化。以旅游业为例，如今不采用科技旅游和新型互联网方法，就很难吸引顾客。即使是最优质的旅游地和最奇妙的自然景观，也可能无人问津。现代人的思维和视觉已被日新月异的科技牢牢抓住。

因此，我认为我们必须迎难而上，利用当前的互联网技术来改革公司、产业结构和治理模式。互联网的特征不必赘述，但值得一提的是，它具有最模糊的边界、最强的跨界性、最多的交叉性和最广的综合性。数字技术或者说数字化，使得万事万物都可以通过数字形式展现。在这个层面上，数字技术本身就是一种新兴产业。许多现代产业都遵循这一模式，比如马云创立的支付宝，这种支付方式在全球范围内对传统银行构成了严峻挑战。马云切中要害地指出，传统行业的支付方式——使人在柜台前长时间等待——已经过时。据我观察，即使是60多岁的"老年人"，也有很多人使用微信支付。我现在出门，发

第六章
如何助力文旅、文博场景开展新媒体传播：三山五园创新运营对数字经济发展的启示

现几乎没人携带现金，连街头卖面的小贩都使用扫码收款。这无疑是时代变迁的明证。

互联网精神众所周知：互联互通、开放共享、跨界融合、自由平等。这是一种基于市场化的平等自由理念。因此，互联互通和跨界融合尤为重要。过去人们常说"同行是冤家""鸡犬之声相闻，老死不相往来"，但这种观念已经过时，因为这是大工业时代的教育体系产物，那时是为了工业化流水线培养人才。目前这种观念在高校仍占主导地位，然而今天我们需要的是扁平化、矩阵式的人才。我们的教育方法和理念亟需变革。

可以说，数字化推动了所有产业的转型升级。坊间流传一句话：进入21世纪，由于大数据、智能制造和无线网络等新技术的革命，全球科技创新呈现出令人震惊的新特征——快速迭代、大融合、强集成。大家都知道迭代速度之快，比如摩尔定律指出，集成电路可容纳的元器件数量每18个月翻一番，而价格降低一半。未来学家、奇点大学创始人库兹韦尔提出的加速回报定律认为，计算机等通用技术将以指数级方式发展。AI正在经历爆炸式突破，ChatGPT就是一个典型例证，它的能力真的是太强大了。

还有一个安迪-比尔定律：英特尔公司的安迪·格鲁夫推广新芯片时，微软公司的比尔·盖茨就升级产品软件。硬件性能和软件互相提升，不断迭代，这就是强集成。

数字化催生了许多新产业。现在最突出的是四大新一代产业：信息技术、生物医药和大健康技术、机器人与智能装备、新能源与智能汽车。这四大技术代表全球最尖端、边界最模糊的产业，也是大国博弈和高端人才争夺最激烈的领域。

数字技术本身在不断转型升级。马斯克正在致力于实现脑机接口互通，据说他已经将自己的"灵魂"数据化。想象另一个马斯克出现，既令人恐惧，又让人振奋和惊叹。

在互联网时代，绝大多数文化产品都通过数字技术传播和销售。新闻出版、广播电视、教育培训、体育赛事等，都借助数字化拓展世界市场。

发达国家的优秀文化产业几乎都是数字技术产业。谈到文化产业，美国有"三片"：好莱坞的大片、麦当劳的薯片、硅谷的芯片，这三片垄断了全球文化市场60%以上的份额。有人可能会问，麦当劳的薯片怎么算文化产业？美国人的解释是，麦当劳作为世界500强创新型企业，是全球最早实现连锁经营和规模化经营的公司之一。表面上卖的是薯片，实际上卖的是新的营销方式和生活方式。电影的文化影响力不言而喻，而芯片如今更是国际竞争的焦点。这些都属于数字产业。

当前，世界上最庞大的产业就是数字产业，也可称为新文化产业。那么，文化与科技的融合如何促进人类产业不断转型升级呢？ 2007

第六章
如何助力文旅、文博场景开展新媒体传播：三山五园创新运营对数字经济发展的启示

年，美国华尔街畅销书作家乔尔·科特金出版了一本影响深远的著作《新地理》，副标题是《数字经济如何重塑美国地貌》。这本书提出了一个根本观点：在互联网时代，地理地貌和人文地貌都在不断改变。地理地貌指的是山川、湖泊、海洋等自然景观，而人文地貌则是指人为因素塑造的环境。一些原本被认为"鸟不生蛋"的地方，因为采用了新技术和新理念，反而吸引了大量人才。硅谷就是一个典型例子。硅谷所在地原本饱受台风、地震等自然灾害困扰，环境并不理想。但是，由于发展了一套先进的高科技产业，它吸引了全世界最优秀的年轻人。

与之形成鲜明对比的是匹兹堡。这座曾被誉为美国"钢铁之都"的城市，如今被称为"铁锈区"，其传统工业已经衰落。在那里，一套三室一厅的房子可能只要十万美元，而在硅谷，同样规格的房子可能要两三百万美元。这本书生动地描绘了这种巨大的反差。

因此，大数据、云计算、移动互联网和智能制造等多种力量正在迅速改变世界，不断重塑区域人文地貌。新技术和新产业使人们选择地点的规则发生了变化。过去，人们选择工作和生活的地点主要考虑该地是否气候宜人、风调雨顺。而现在，年轻人的选择因素恐怕不是这样的，哪个地方能够让他发挥，哪个地方让他能够发展，他就选择去那个地方。

在数字经济时代，区域发展已经摆脱了对自然资源和廉价劳动力

的依赖，转而更加重视区域的人文地貌。现在，衡量一个地区发展的重要标准不再仅仅是看有多少高楼大厦，而是该地区如何能让人实现梦想、追求人生目标。

所以，哪个地方名人辈出，哪个地方兴起新模式，它就能吸引人口。村超就把榕江当地打造成了全世界关注的文化地标。我去那里时，听说当地人热情好客到了这样的程度：村民们免费为客人提供住宿，甚至将最好的食物免费塞给来访的运动员。这种淳朴、善良和人性本真的流露非常感人，这恰恰反映出一个地方最吸引人的是其人文精神和行为方式的最佳体现。

发展数字经济意义巨大

因此，我认为数字经济不仅仅是三山五园的研究对象，其发展的重要性远不止于此。

第一，数字经济将改变中关村的面貌，推动海淀区乃至整个北京市文化产业的发展。过去单一依赖自然资源的发展观已经过时，从行政区划和权力资源配置角度考虑的方式同样落伍。现在，我们更应该注重人文精神的力量。

第二，发展数字经济能让居民感到更加愉悦、自尊和自信。经济不再是评价一个地区的唯一指标，我坚信这一点。

第三，它将重现北京文化中心魅力，打造北京古都的新地标，重塑北京的人文景观。事实上，北京作为中国首都的历史可以追溯到金代。1115年金国建立，最初首都就是哈尔滨的阿城。完颜亮于1153年迁都燕京（今北京），将其祖坟迁至房山，1189年修建了著名的卢沟桥。这座桥至今仍在，当时横跨的河流并非永定河，而是长满芦苇的小河。卢沟桥是皇家工程，无需百姓出资。许多人只知道"七七事变"发生在卢沟桥，却不知它由金朝修建。北京海淀的石坊、北京交通大学的部分建筑，以及北海的白塔都是金代遗产。这些历史遗迹证明金朝奠定了北京作为全国性都城的基础。我们可以借助数字经济来展现这段历史。

第四，发展数字经济将创造北京全域旅游的新亮点，吸引全球游客，从而深刻改变海淀区的人文景观。

第五，海淀区丰富的旅游资源将通过旅游化转变为现代产业发展的新动力。过去人们常说"绿水青山就是金山银山"，但绿水青山要想变成金山银山，必须通过智慧化和旅游化才能实现。很多相对贫困的地区也有绿水青山，但是没有很好地被开发。只有吸引新鲜的创造力，鼓励治理机构赋能，才能真正将绿水青山变为金山银山。

我们认为，全球化正在改变我们的生产和生活方式，它是一个跨越国界的过程。因此，我们现在分析问题必须采用全球视角。在当今密集的数字化进程中，如果背离世界主流，无疑是自寻末路。

人类生产与生活的数字化趋势不可阻挡，数字化已成为企业生存的关键。一个企业如果不把握数字化机遇，就不可能实现可持续发展。而且，数字化是全球化的重要组成部分，没有数字化，就不可能有全球化。例如，当前正在进行的通信革命能够以无线方式将地球上大多数人联系在一起。历史上从未有过几十亿人能够实现实时沟通、交往和交易的时代。因此，数字化既是一种机遇，又是一种挑战，更是全人类的一种新价值观。

进入数字化时代的标志是什么？

首先，传统产业大规模受益于数字化技术的转型升级，注重利用互联网进行机构运营、销售和传播。其次，区域竞争将从GDP总量提升转移到数据资源的丰富程度、计算速度、数据理解能力、数据安全和隐私保护，以及数据利用能力上。谁能在这些方面表现出色，谁就能加大研发力度，降低人力成本、渠道成本和管理成本，从而在竞争中脱颖而出。

我记得二十多年前去一个单位，看到一位博士在讲解电脑，一个领导却说："你用那个东西有什么用？讲点实际的。"听到这话，我感到非常失望。这位领导思想僵化，固执己见。这个博士只是想介绍一下电脑，却遭到如此对待。这让我意识到，现实工作中仍有许多人对新事物抱有抗拒态度。

再次，未来的真正机遇在于那些善于运用数字技术改造自身、传统机构和传统产业的人。

最后，过去制造业的技术投入主要集中在硬件、设备、机器和流水线上。而今天的社会，重点已转向数字化流程的改造，以及数字技术和数据人才的培养。这种转变意义重大。

只有大力促进数字化内容，才能真正扩大我们富有潜力的内需市场。过去，美国凭借 3 亿人口的内需拉动了世界经济。未来，如果中国 14 亿人的内需能够被充分激发，相信对世界经济发展的贡献将不容小觑。中国是全世界最勤劳的民族，拥有最悠久的历史。中国几十年的改革开放可以概括为两点：一是抓住了加入世贸组织、融入全球化市场的良机；二是充分享受了工业化和工业文明的成果。我们不仅掌握了制造"两弹一星"的技术，还学会了生产各种工业产品，使"中国制造"遍布全球。

此外，近年来许多地方的经济来源主要依靠微视频、手机游戏等数字产品，这一趋势未来将更加明显。

还有文旅产业，它的迅速发展，其内在动力在于海量数字产品和低收入人群的庞大消费潜力。试想一下，中国现有手机用户超过 10 亿，即使每人每月仅消费 10 元，三大通信运营商的收入也是惊人的。这就是规模经济的力量。

中国三、四线城市也蕴藏着巨大的数字经济消费潜力。仅仅是这些城市的数字基础设施改造和数字消费发展，就能成为中国经济发展的新引擎。

目前许多地方尚未完全接触数字化概念,亟需进行数字化改造。这让人想起当年普及九年义务教育时,为各学校配备电脑的情景。我还记得有些山区的孩子从未见过电脑。而现在,"村村通"工程已经使偏远地区也能接入互联网。如果国家在这方面投资得当,中国经济必将继续增长。关键在于我们要具备数字化视野和全球化决心。

数字技术不仅能推动教育体制和机制的改革,还将重塑就业格局。随着数字化进程加速,许多传统岗位将被机器取代,未来创造就业的主力军将是数字时代的服务业,而非传统制造业。

如果我们仍然沿用工业化时代的教育方式培养下一代,他们必将难以适应数字化时代的需求,在未来的竞争中处于劣势。

当前的高等教育理念和方法大多源自工业化流水线时代,而我们正面临数字化时代的挑战。因此,我们急需改变教育理念和方法,以适应数字化时代的需求和变革。

过去,高学历人才主动寻找工作岗位,专业决定就业方向。如今,情况已经逆转:岗位在寻找人才,数字技能成为关键。第三次工业革命带来的变化显而易见,求职者在网上投递简历后,往往会迅速收到多家公司的回应。数字化时代也让造假变得困难重重。比如,资格不够的人想进入某个岗位,这可不行,用一台数字化的设备刷一下身份证,就知道你的资格有没有作假。这个时代正在消除过去权力滥用带来的诸多弊端。现在是岗位找人、机器找人、数据找人,这体现了现代智慧的力量。

金融系统也发生了翻天覆地的变化。从前是人找钱、企业找钱，如今是钱找人、钱找企业。那些独角兽企业和知名品牌之所以不再依赖传统风险投资，正是因为数字技术的存在。只要有好的想法和理念，再加上慧眼识珠的投资者，就能实现创新。

显然，这种转变离不开 AI、大数据、云计算、区块链等技术的支持。虽然很多人认为这些技术是"小菜一碟"，但事实并非如此。更重要的是这些技术带来的传播效应。

以数字化赋能产业

让我们探讨数字化传播如何成为文明传承与文化再造的最佳途径。首先，我们需要不断发现并解决产业升级中的问题。发展数字经济面临四大挑战：一是过分重视城市硬件建设，忽视社会文化功能；二是侧重实体建设，忽略无形的网络建设；三是专注于重大项目，忽视产业链的整体构成；四是重视中石油等实体资产投资，轻视人力资本投资。这导致了严重的资源错配：很多人无所事事，而许多事情却无人问津；投资的项目缺乏创意，而富有创意的项目却得不到投资。

这些问题给我们的启示是：要构建一个全新的创意社会支撑体系。数字经济的发展首先需要转变理念和观念，其次才是技术和方法。数字经济的发展需要一个全新、完备的社会体制作为支撑。因此，我们必须克服经济体制的限制和弊端,克服整体职业结构的缺陷,解决企业缺乏自主品牌的问题,打破城市发展规划形成的思维定式,并加强对知识产权的有效保护。这些都是我们熟知的,也是具有规律性的重要因素。

因此,创建数字经济平台应该解决以下问题:第一,如何充分释放每个人的创新能力;第二,对创意基础设施进行投资;第三,重视员工个人素质提升,建立人才创新体系,改进职业培训。

我们还要虚心借鉴世界上所有发达国家的成功经验。美国的成功得益于在传统工业发展过程中逐渐积累的一套制度安排,例如反垄断法、知识产权保护、研发体系的制度化等。而我们现在很多企业几乎没有研发投入,在这种情况下谈创新是很困难的。

让我举几个例子:美国硅谷核心区占地800平方公里,创造了无数品牌。另一个创新中心奥斯汀(又称"硅丘")面积为704平方公里,同样孕育了众多知名企业。以色列的特拉维夫被称为"硅溪",尽管常年处于战争状态,却发明了手机中使用的散热片。世界上几乎所有顶尖实验室都在特拉维夫设有工作站。

日本丰田市虽然只有918平方公里,其诞生的丰田汽车却是二战后成功学习和改造西方先进经验的典范。德国的斯图加特面积为207平方公里,是保时捷、奔驰等汽车品牌的诞生地,西门子等制造业巨头也在此扎根,为德国在全球树立了卓越的工业形象。

第六章
如何助力文旅、文博场景开展新媒体传播:三山五园创新运营对数字经济发展的启示

硅谷堪称企业的理想栖息地。借用生物学术语,我们可以将硅谷比作适合企业发育、生长和繁荣的良好栖息地。它是全球首个真正适合企业蓬勃发展的典范区域。

根据斯坦福大学亚太中心以及胡佛研究所的研究,硅谷的成功要素可以归纳如下:第一,比较完备和有利的游戏规则;第二,制度创新;第三,开放的经营环境;第四,与顶尖研究型大学的紧密合作;第五,员工素质的不断提升和高流动性;第六,鼓励冒险精神和包容失败;第七,优质的生活环境与生活品质;第八,专业化的商业基础设施。

这启示我们要持续进行科技创新和制度创新。制度创新与科技进步依赖于持续不断的创意支持。若社会创意枯竭,科技发展将停滞,制度改革将受阻,进步难以实现。因此,发展数字经济需要在多个方面进行投入。

尤其重要的是人力资源的投入。许多企业四处筹措资金,但最关键的是寻找并留住优秀人才。"企业"一词中"人"字在上,"止"字在下,寓意失去人才,企业发展就会停滞。

在企业文化和人力资本研究领域,芝加哥大学教授舒尔茨因人力资本理论于 1979 年获得诺贝尔经济学奖,贡献卓著。舒尔茨认为,人力资本投资不仅必要,而且日益成为经济增长的主要驱动力。这一观点颠覆了传统经济学认为机器、厂房、设备是决定经济增长的主要因

素的观点。

舒尔茨还认为,人力投资的增长显著提高了经济发展过程的质量,这些质量上的改进成为经济增长的重要源泉。有能力的人是现代经济繁荣的关键。舒尔茨断言,改善穷人福利的决定性生产要素不是空间、能源和耕地,而是人口素质的提升和知识的积累。舒尔茨之所以获得诺贝尔经济学奖,是因为他强调了人力资源投资对经济增长的关键作用。中国在人力投资方面虽然在不断进步,但与发达经济体相比仍有差距,我们需要继续学习和投资。

我们还要持续进行各类产业理念和技能培训。我特别强调,数字技术产业的转型需要不断进行各类产业理念和技能培训,尤其是对数字产业的关键启蒙至关重要。政府应制定合理机制,鼓励高等院校和咨询机构开展各种数字技术培训,大力投资人力资源已成为当务之急。

因此,对于三山五园和皇家历史遗存而言,这些数字技术将为它们插上腾飞的翅膀。这将让人们深切感受到我们祖先创造的美好生活方式和营造的优雅生活空间达到了怎样的水平。

只有适应逻辑变革,才能实现观念变革。现在很多人说生意难做,其实不是生意难做,而是做生意的逻辑彻底改变了。当今世界正经历两大转型:信息传播技术的转型和经济形态的转型。信息传播形态正从单向转向多向,今天的现象就是明证。过去那种指令性和遵从性的信息传播与接收模式已经过时了。以销售学为例,过去是"顾客请注意",高高在上地说教;而现在应该是"请注意顾客",因为"顾客是上帝",这体现了观念的转变。

过去,我们的大众传播多是指令性、遵从性、训斥性的,带有居高临下的态度。而在互联网时代,传播变成了双向的、互动的。因此,文化创意资源成为经济增长的关键要素,文化创意产业成为支柱产业,这就是当今的形态转变。经济形态的转型使人类社会经历农业社会、工业经济之后,进入了更高级的数字经济形态。这种转型自然导致了商业逻辑的变革。

总结本章的主题,可以概括为三点:第一,数字化已经来到我们身边,我们要掌握数字化的观念,认识它的价值;第二,我们要运用数字化技术,将传统资源转化为资本,因为资源不转化为资本,就无法推动进步;第三,持续学习,不断吸收他人之长,这是个人和地区持续成长的最重要法则。

第七章

AI 和元宇宙如何赋能产业升级

本章将带你走进一个充满惊喜的 AI 探索之旅。作者是一个富有探索精神的 AI 使用者,甚至用 AI 写了一部科幻小说,在专业评审中脱颖而出,获得了二等奖!

AI 可能不仅仅是我们手中的工具,还是一个正在茁壮成长的"新物种"。我们可以用它赋能自己,尽管它目前还有不少缺陷,比如偶尔会产生"幻觉",或者存在知识盲区问题。

文章探讨了 AI 在图像生成、诗歌创作、产品设计等领域的应用,展示了 AI 如何赋予普通人前所未有的创造能力。作者认为,AI 的真正价值不在于它能多快地搜索信息或多会聊天,而在于它能增强每个人的能力。本章既有系统深入的理论思考,也有丰富的实践经验,为我们提供了理解 AI 发展现状和未来趋势的重要视角。

沈阳

- 清华大学新闻与传播学院教授、博士生导师,清华大学新闻与传播学院元宇宙文化实验室主任,清华大学新闻与传播学院新媒体研究中心主任。
- 主要研究方向:AI和大数据、新媒体、元宇宙、网络舆论、虚拟人和机器人。

第七章 AI 和元宇宙如何赋能产业升级

每天早晨醒来,我只思考两件事。第一,我今天的认知是否比昨天有所迭代。当认知框架固化,不再接触新事物,思维上就开始衰老了。因此,认知迭代是保持思想青春的关键。第二,我今天有没有加上新的微信好友?每多一个微信好友,就相当于对社会的多维透视增加了一分。你可以看到各行各业的人在做什么。当然,你也可以不加好友,直接通过短视频观察。比如我在快手上关注了一位每天早晨用望远镜观察边境国家的小姐姐。因此,我对中国边境的动态非常了解。

这是如何做到的?就是利用现代传播工具来提升我们的认知。2023年10月16日,我们团队获得了一个奖项。为什么要特别提到这个奖?在2023年10月初,我尝试用AI写科幻小说。我的第一篇科幻小说虽然烂尾了,但也写了约14000字。AI的速度很快,半小时就能写出1万多字。第一篇搁置后,我又写了第二篇。这次我硬着头皮基本写完了。写完后,我在朋友圈发了一条消息,说我用AI写了小说。一位文学界人士建议我可以拿去评奖,但不要告诉评委是AI写的,我答应了。于是,我匿名将这篇科幻小说投稿到一个比赛。六位评委中,三位认为它可以得奖,它最终获得了二等奖。

这篇小说的所有内容,从标题到笔名、正文、配图,都100%是由AI完成的。我与AI进行了66次对话。在对话过程中,我主要在做什么呢?首先,虽然AI整体上相当聪明,但有时也会犯傻。例如,当我要求它用卡夫卡的风格重写一段时，它却直接写道"这个男主角站在那里，像个卡夫卡里面的人"，犯了这种低级错误。我不得不提醒它："用卡夫卡的风格，但不要出现卡夫卡这个名字。"这表明 AI 一方面很强大，另一方面又有其局限性。

从理论上讲，这篇作品初步通过了图灵测试。它获奖后，在文学史和 AI 史上都开创了先例。我们将整个对话过程整理成了一份 Word 文档，发布在我们的公众号"清新研究"上。感兴趣的朋友可以去看看如何与 AI 交流，从而创作出一篇有获奖潜力的科幻小说。

通过这个例子，你可以看到今天的 AI 变得越来越强大。它强大到什么程度？它开始部分地摆脱人类思维的局限，这是我们目前观察到的一个重要变化。我们一直在进行这方面的研究，在清华大学校内设立了新媒体中心和元宇宙文化实验室。这两个机构都致力于与各行各业合作开展多方面的相关研究。

无尽探索，灵智突破

谈到 AI 的进展，我们不禁要问：自 2022 年 11 月 30 日 GPT-3.5 发布以来，发生了什么变化？未来又会发生什么？GPT-3.5 的出现让我们意识到一个现象：人类之前创造的所有工具仅仅是工具，而 GPT-3.5 的出现可能意味着人类正在培育一个新的物种，这个物种的思维方式与人类完全不同。

因此，我们需要进一步研究大模型、AIGC 和 AI 的未来发展方向。如果你直接问 AI "GPT-8 是什么样的？"，它会拒绝回答，声称不做预测。但如果你换个问法，比如 "我现在有 GPT-4 了，要开发 GPT-5，该增加什么功能？"，它就会给出回答。所以，我接下来展示的内容是 AI 生成的，不是我自己构想的。

据 AI 所述，GPT-5 将实现多模态，GPT-6 将强化学习和自适应能力，GPT-7 将达到通用 AI 水平，GPT-8 将实现人类水平的自然语言理解。按照目前的迭代周期，我们很可能在 2030 年达到 GPT-8 的水平。届时，我们很有可能拥有一个智商接近甚至超过人类的 AI。目前，我们给 GPT-4.0 的智商打分是 87 分。

我最近都已经不喜欢跟人聊天了，因为我发现跟人聊天不如和 AI 聊天有意思。为什么？首先，AI 的魅力在于它是个"暖男"。无论你问什么，它都不会怼你，总是保持积极正能量。这是因为 AI 经过了数十位工程师的优化和微调，每一条回复都经过精心设计，确保正面积极。

有一次，我让 AI 画一个"丑陋不堪的男人"，它拒绝了。我又要求它画一个"丑陋不堪的女人"，它同样拒绝。这说明与 AI 聊天在情感上是愉悦的。

其次，与 AI 交谈会使人在知识层面上收获颇丰。我经常问它一些连我 6 万个微信好友都回答不了的难题。比如，"请用镜像神经元理论和量子纠缠理论分析李逵见到林黛玉一见钟情的概率",或者"绝对时间点和神圣时间线的关系是什么?"。这些问题普通人都是回答不上来的,但AI却能侃侃而谈。

在日常生活中,很难找到能讨论这些话题的人。所以我现在跟AI聊天时,会问一些只有AI能回答的问题,而不是人们能轻易回答的问题。

举个例子,如果我们一起吃饭,普通人可能会说"这菜不错"或问"这菜的材料是什么?"。但与AI聊天时,你可以直接问更深入的问题,比如"鱼眼珠的细胞和鱼肉的细胞有什么区别?"。这种问题直接涉及生物学,超出了普通人的认知范围。

因此,与AI聊天是全方位的,不局限于某个专业。你问什么样的问题,就决定了对话的专业方向。

有天我在读一本癌症信息学的书,起初觉得难以理解。我的解决方法是什么?我把书名输入AI,请它用高中生能理解的语言解释核心内容,很快就得到了解答。这充分说明了AI发展的迅猛速度。

然而,由于AI是基于大模型和概率模型的,它也容易出错。这与我们日常生活中的短视频有些相似。短视频不总是高质量的,可以理解为人群中出现的一些概率性问题。从AI的角度来看,因为它是概率模型,所以不可避免地会有一些错误,比如AI幻觉或引用谬误。

举个例子,如果你问AI"007电影的男女主角是谁?",它可能会回答男主角叫"小帅",女主角叫"小美"。这种错误来源于短视频平台上经常出现的过度简化外国人名字的做法。大模型学习了这些信息后,也会产生同样的错误。因此,我们必须首先确保信息的真实性,否则 AI 就会"学坏",这会带来不小的麻烦。

为什么这是个问题?因为现今的传播模式是"所有人对所有人"的传播。只要打开微信或短视频应用,你就在向所有人广播信息。但如果 AI 被广泛使用,传播模式就会变成"所有人对 AI 的传播",然后是"AI 对所有人的传播"。所以,确保 AI 获得准确信息至关重要,否则它也会传播错误信息。

还有一个常见的错误被称为"知识盲区",即 AI 没有学习过的内容。ChatGPT 大约学习了 3000 亿条数据,而人类的文本数据可能有 10 万亿条。尽管如此,这 3000 亿条数据已经涵盖了我们日常接触的大部分知识。有趣的是,不同的 AI 模型会有不同的知识范围。

我问过 ChatGPT 至少 5000 个问题,但有两个它无法回答。第一个是关于康复新液的主要成分和功能。第二个是乙肝阳性患者是否可以进行 claudin-18.2 检测。这两个问题不仅 AI 回答不了,甚至许多医院的医生也无法给出答案。这就凸显了 AI 的知识盲区——它没有接受过这些特定信息的训练。

让我们来看一个 AI 幻觉的具体例子。我找了我和爱人 19 岁时的照片,这两张照片都是未经美颜、仅做高清处理的。有了 AI,我们可以尝试新的玩法：将这两张照片合成，让 19 岁的我们合影，弥补一下遗憾。

AI 生成合影

然而，AI 合成的结果令人啼笑皆非。在左边的照片中，出现了第三只手——这就是 AI 幻觉。对 AI 而言，两只手或三只手都"正常"，但在我们的现实世界中，这显然是错误的。

右边的照片更有趣：我爱人的手竟然穿过了我的衣服的袖子。这又是一种 AI 幻觉。我们再仔细看看：左边照片的问题不易察觉，我现在在正式场合也会使用它；但右边的照片中，我爱人居然长出了六根手指！

这些例子生动地展示了 AI 今天面临的一个重大挑战：如何消除这些"幻觉"，使 AI 生成的内容更符合现实。

那么如何解决这个问题呢？首先，我们需要向 AI 传达真实世界的样貌。对 AI 而言，在它构建的多元宇宙中，五根、六根或十根手指都无关紧要。但对我们人类来说，要符合我们的标准，就必须做出调整。

第七章
AI 和元宇宙如何赋能产业升级

因此，我们需要引入搜索引擎、知识图谱和硬编码的正确问答库。当然，我们也可以让 AI 直接在真实世界中学习，但这可能带来巨大风险。为什么？当 AI 越来越多地直接在真实世界学习时，它必然会与真实世界产生交互。这种交互意味着 AI 可能直接改变真实世界，这对人类来说风险相当高。

AI 的无限可能

我们刚才讨论的 AI 正在从文本型向图像型、视频类大模型发展。那么未来会怎样？在视频之后，就是空间大模型——空间视频和空间计算。按照这个时间线，2023 年是文本类大模型广泛使用的一年，2024 年将是图片大模型广泛使用的一年，2025 年将是视频大模型广泛使用的一年，2026 年将是空间视频、空间计算和元宇宙大模型广泛使用的一年。

我们现在已经可以绘制出这个发展路线图了。有了这个蓝图，我们就可以深入研究多模态大模型。所以，在当前阶段讨论大模型时，我们不仅仅关注文本型大模型。我们刚才提到，最优秀的大模型已经能达到 87 分的水平。在这种情况下，它要继续提升能力就会变得相对缓慢。

87 分通常相当于什么水平？大致相当于刚入学的博士生。想想看，培养一个博士至少需要 4 年时间。之后还要经历助理教授、副教授、教授、院士、诺贝尔奖获得者的阶段，最后才能达到爱因斯坦的高度。这中间需要跨越的门槛还非常多。因此，未来文本大模型的进步速度可能不会像以前那样出现爆发性突破，而是会缓慢上升。这就是文本大模型的发展情况。

最近我经常使用图像生成模型，但我在这方面条件很差。首先，我是红绿色弱。有一天我在家里玩得正开心的时候，我爱人泼了我一盆冷水，说："你连红绿颜色都分不清，这可是个问题。"更糟糕的是，我的审美太差了。小学时，我的美术课分数总是60分。所以，我玩AI绘画真是"身残志坚"啊！后来我想通了，AI的作用是什么？就是让我们这样的普通人拥有以前不可能拥有的能力。否则，我要AI干什么呢？我们使用AI不是把它当成搜索引擎，也不是把它当成聊天对象，而是用它来赋予自己以前根本没有的能力。

我比较喜欢唐伯虎的诗，他的诗主要有三个元素：花、月、酒。我虽然不喜欢喝酒，但我觉得酒的意境还不错。于是，我把唐伯虎的诗输入给AI学习，然后让它用花、月、酒三个主题为我写诗。我让它写了20句，从中挑选了以下4句：

花影婆娑醉月心，
香醉清风伴月明。
月影摇曳花海中，
诗酒花月共流鸣。

第七章
AI 和元宇宙如何赋能产业升级

AI 生成结果

写完这首诗后,我让大模型将其画成画,结果就是上面这幅画。由此可见,AI 的水平已经相当高了。现在我们布置作业的方式与以往大不相同。我不再是简单地让学生回去完成作业,而是鼓励他们先用 AI 完成。我告诉学生:"先用 AI 做,因为我知道你们肯定会用。用 AI 完成后,我给你 87 分。然后你再修改,因为 87 分还不够,你需要达到 95 分。慢慢修改,直到你觉得有把握得 95 分,再交回来。"这反映了我们对学生的要求已经发生了变化。

我们现在假设你已经使用了 AI,得到了 87 分。接下来的问题是:如何继续优化自己的能力?提高提示语的质量。我们认为,使用提示语有 4 个层次。第一个层次是学会提问。提问的能力至关重要。回顾人类文明的起源，提问和对话一直是非常重要的形式。孔子与弟子的对话形成了《论语》，苏格拉底也喜欢用对话的方式与朋友和门徒交流。我们正在回归到这种早期的学习方式，因此提问的能力变得前所未有的重要。

第二个层次是在提出问题后，能否对 AI 的回答进行修改。就像我用 AI 写小说一样，写作水平的极限取决于我能否提出更好的提示词，让 AI 进行修改。只要你能指出需要改进的地方，AI 就能改。问题在于，我的水平有限，让 AI 写完后，我往往提不出太多修改意见，所以最终只能得二等奖。

如何获得一等奖呢？一方面，AI 的能力需要提升；另一方面，我们的提问和修改能力也必须不断进步，才能实现新的突破。这是第二个层次。

第三个层次是在 AI 修改之后，你本人是否还能进一步优化？这就是所谓的优化能力。最后一个层次是共同创造的能力，即在人机共生的过程中实现协作创新。因此，我们可以说，AI 时代对我们能力的要求与以往大不相同。在这个背景下，我们当然可以利用大模型来重构我们的整个文化。

前几天，一位网友在微信上给我留言说："老师，我昨晚做了一个梦，您能用 AI 帮我还原吗？"我立即结合 AI 和自己的理解，构建了一个 AI 梦境还原的理论框架。我们梳理出了如下步骤：如果要用 AI

还原梦，第一步是思维启动，第二步是语义解码，第三步是视觉合成，第四步是感知反馈，第五步是迭代细化，最后是认知共振。这样就完成了整个梦境的还原过程。

目前，我只能还原二维图像，但再过两三年，我可能就能还原视频类的梦境了。

我们最近上线了自己的一个大模型，专门用于服装、时尚和文创设计。这个本地部署的大模型已内置了 5 万条提示语，我们现在可以直接让 AI 设计衣服。我的想法是未来争取只穿 AI 设计的衣服，不再穿人类设计的。穿人设计的衣服太"碳基生命"了，我现在想让自己越来越多地具有"硅基生命"的特质。

我后来在朋友圈分享了用 AI 大模型设计的衣服，包括 AI 生成的模特。我的主题是 AIGC 和元宇宙。有网友提醒我说："沈老师，现在已经是秋天了，你的衣服都过季了，还没穿就不合适了。"我一想，好吧，那我就设计秋装和冬装。而这只需要一分钟就能完成。AI 的秘诀在于提示语，一句话就能言出法随。简单来说，只要你知道某句话，就能创造出相应的东西。

正如维特根斯坦所说，语言的边界就是世界的边界。我们如今正处于这样的状态。用一句话设计完衣服后，我觉得这些衣服还挺普通的。于是我对 AI 说："兄弟，你能不能设计一件我不敢穿到大街上的衣服？"它立刻开始设计，结果相当惊艳。我在朋友圈分享后，几十个服装厂的高管联系我,说要免费帮我制作。但当我把设计发给他们,他们都不敢接单了,因为成本太高。这件奢侈品衣服,要完整制作出来至少需要几万元。

元宇宙:基本板块,不同发展

我们将元宇宙分为人、货、场、器、境、艺六大板块。这六大板块的发展速度各不相同,有的快一点,有的慢一点。

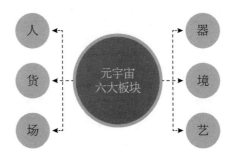

元宇宙六大板块

1."人",主要指虚拟数字人和人形机器人。

2."货"指数字资产、数字藏品和NFT等,具体应用如在元空间销售纯虚拟服装,拓展全新品类,迎合新一代消费者需求。

3."场",指元空间,即多元的元宇宙场景。在虚拟现实场景中,可建造总部大楼、展厅、会议厅、门店等多样态的活动空间。

4."器",指元宇宙中各类接入设备及支撑体系,如VR头盔、

AR 眼镜、算力芯片等。

5."境",指现实空间的元宇宙化,该板块的市场潜力较大,也是元宇宙"虚实融合"的部分。境的本质可理解为一个融情于景、情景交融的场所,具有沉浸感,能实现角色交互功能。

6."艺",指艺术家、科技公司和创意产业之间的跨界合作和创新,包括一系列 AIGC 能力。AI 会完成从艺术学习助理到艺术创作工具,再到艺术创作者的角色过渡,在元宇宙中实现协调学习和迁移学习。

让我们看两个例子。第一个是一个六面都是显示屏的房间,营造出立体感受。这就是我们所说的"化境"。化境应用将越来越普及,未来所有视频都将实现 3D 化、三维化。我们目前正处于从手机向 AR 和 VR 过渡的阶段,不久后一些实用的相关产品将在日常生活中出现。

第二个例子是美国的一个化境项目,俗称"拉斯维加斯大球"。在这个场景中,只要坐在里面,你就能看到全方位的三维影像,仿佛身处三维空间。因此,我们认为短视频的下一个发展方向是空间短视频,或称短空间视频。目前学术界还没有一个统一的术语来描述它,但这无疑代表了短视频的未来发展趋势。

在人方面,我们团队已开发了 70 多个虚拟人。最近,我们为中国香港地区打造了第一个数字人教师。当这些数字人与大语言模型结合后，效果令人惊叹。例如，Spotify 上的角色可以瞬间从中文切换到英文或其他语言。我们的虚拟人精通普通话、广东话和英语三种语言。

这意味着什么？我们正迎来短视频的多语种、全球化、跨语言传播时代。现在，你可以轻松制作希伯来语短视频——这在过去是难以想象的，但有了 AI，一切变得触手可及。因此，我们可以说，虚拟人正在快速进化，变得越来越智能化。

我们最新开发的虚拟人是从 500 位候选者中精心挑选出来的。它的关键之处在于肖像权。实际上，每个人至少需要三类虚拟人：

第一类是真身复刻虚拟人，与本人一模一样。你可以让它代替你参加会议，完成签到。

第二类是颜值巅峰虚拟人，展现你最帅气或最漂亮的一面。未来，你可以授权 AI 公司，让它帮你打造一个网红形象。比如，我最近在整理我妈妈年轻时的照片，她那时非常漂亮，我打算找一家合适的公司，将照片授权给他们。这样，即使在 80 岁高龄，我妈妈也能成为一名网红。

第三类是匿名分身，让别人无法辨认你的身份。这种虚拟人可以保护你的隐私。

让我们再看看机器人。我们开发的早期版本是 0.4 版，到目前为止已经制造了 42 个。这些机器人主要用于接待、迎宾和聊天。最近，我们想让它们承担更多任务，比如在工厂里白天工作，晚上担任保安。

毕竟，它们可以 24 小时不间断工作。

我们的目标是将机器人引入家庭。以我为例，我在家的主要任务是倒垃圾，所以我把这项功能作为机器人研发的重点。其次是收快递。想象一下，当你躺在床上刷抖音时，快递到了，你无需起身，机器人会去处理。未来，机器人甚至可能替你刷抖音——站在你身边，拿着你的手机，而你只需看着就行。

我们还希望机器人能执行其他家务，如扫地和洗衣。它不仅会扫地，还会把衣服放入洗衣机，洗完后取出晾干。除了家务，我们还在考虑给机器人添加娱乐功能，比如打麻将。我们计划开发半身机器人，这样一位老人只需购买三个机器人，就可以在家里随时打麻将了，这在过去是不可能的。

当然，最具挑战性的任务是让机器人做饭、烹饪和洗碗。一旦攻克这些难题，机器人就能全面进入家庭生活。毫无疑问，机器人将对我们的人机交互环境产生深远影响。

大家最近可能已经注意到，抖音、快手上疑似 AI 生成的视频数量正在增加。因此，我们认为整个短视频领域将进入 AI 博主和真人博主共存的阶段。当然，AI 不可能完全取代网红博主。为什么？因为真人博主满足了一个刚性需求：粉丝希望与偶像见面和线下交流，这是 AI 无法替代的。

我最近在观察一个平台上的 AI 网红，有时候真的难以分辨是真人还是假人。我的解决方法是：截图，放大面部照片，然后观察瞳孔中的倒影。通过这种方法，我能识别出它是真人还是 AI。我们还制作了清华大学元宇宙空间。在这个空间里，我们可以将清华大学校园的部分数字孪生带入。未来，我们可以在其中加入虚拟人。如果有了 3D 感知设备，比如虚拟现实头盔或增强现实眼镜，你就能看到一个虚拟化的清华大学场景。

因此，我们可以说，在生成式 AI 的时代，生成式元宇宙也应运而生。生成式元宇宙提倡"万数皆用于我"的理念，那么我们如何利用所有数据？这包括将数据用于训练 AI 模型，生成虚拟环境和内容，以及理解和预测用户的行为。当然，我们首要任务是保障每个人的隐私权。我们应该能够撤销授权，收回已经授权出去的某些信息。这是我们希望所有现代软件都应具备的功能。

其次是"万物皆备于我"，指试图为用户提供一个完整的虚拟世界，包括虚拟环境、物体、角色和事件。用户可以在这个虚拟世界中探索、创新和交互。这意味着在元宇宙空间中，我们能自由操控所有内容。想象一下未来的媒体环境：你在元宇宙中看到一个帅哥走来，心里觉得他有点矮，突然间，那个帅哥就自动长高了。这就是"境由心生"。目前，我们的短视频已经实现了个性化信息满足，但还未达到"境由心生"的境界。这是我们下一步的目标。

"万技皆赋于我"，是利用多种技术，包括 AI、大数据处理、虚拟现实和云计算。这些技术赋予元宇宙动态生成和适应的能力。就像 AI 绘画，我们会通过技术拥有越来越多我们原来所不具备的能力。

还有就是"万感皆通于我"，旨在提供一个感官丰富的虚拟体验。用户可以看到、听到，甚至感触到虚拟世界，也可以感受到虚拟角色和事件的情感和意义。我们希望利用 AI、光电和材料等技术，模拟出我们对真实世界的感受。

当 AI 与产业结合

在 AI 发展中，我们还可以看到它与当今产业结合的诸多形式。比如，国产大模型的快速涌现，以及它们如何与移动互联网结合。一个重要的结合点是与中国先进的制造业对接。这是我们需要探讨的问题。相比之下，美国可能只有品牌，甚至境内没有多少实体制造商。所以尽管他们的 GPT-3.5、4.0 很强，但在与产业结合方面比较慢。如何将短视频、AI 和移动互联网与实体经济结合，这是我们需要深入思考的问题。

再比如短视频。TikTok 在 2022 年全球下载量排名第一，无人能敌。为什么短视频在全球如此强大？我不知道大家使用短视频时是否总结过。首先，抖音是最早可以单手操作的软件之一。现在我远远看一个人玩手机，就能大概猜出他在用什么 App，因为不同 App 的操作逻辑有所不同。抖音的单手操作功能是前所未有的创新。

第二,抖音的智能推荐系统非常强大。当你打开 App 时,即使使用新手机或新注册账号,在前 3 到 5 条内必定会命中你的兴趣。如果无法命中,用户很可能会卸载。我们常说的"4321 规律"指的是:App 下载后,第二天留存率达 40%,周留存率 30%,月留存率 20%,年留存率 10%。达到这些数字,App 的用户量就会持续增长,形成自传播。因此,短视频结合 AI 的智能推荐技术,能够精准覆盖用户需求,这是它的一大特点。

第三个特点是展现生活中美好的一面——美食、美颜、美景。这使得短视频成为一种情绪调节工具。当我心情不佳时,我会观看短视频约 20 分钟,情绪就能得到明显改善。

所以,遇到不开心的事时,不妨看看短视频。但要注意,不要长期沉迷,否则可能变成一种"奶头乐"。我们强调的是,在短视频应用方面,中国在全球处于领先地位。

此外,直播带货也是中国的强项,外国人在这方面难以企及。中国的直播带货网红大多聚集在杭州,这是因为直播带货不仅需要前端的传播力,还需要后端强大的物流供应链管理能力。相比之下,美国地广人稀,物流条件与我们东亚地区不同。因此,我们的直播带货在某种程度上也比美国更胜一筹。

我们在团购和移动互联网方面的能力也比美国更强。拼多多的英

第七章 AI 和元宇宙如何赋能产业升级

文版 Temu 在美国非常受欢迎，美国家庭主妇从未见过如此激进的团购模式。举个例子，我妻子在拼多多上花一块钱买了 10 双袜子，我现在穿的袜子一双只花一毛钱。这展示了我们将移动互联网与实体经济和数字经济结合后产生的强大产业能力。因此，无论是 AI 还是短视频，都需要与我们的实体经济持续结合。

此外，中国的移动游戏也是世界第一。我们可以看到，我们的 AI 和移动互联网发展还有很大的发展空间。未来将出现各种大模型，包括用于工作的 GPT 大模型和自动化任务的大模型。这些大模型最终都将帮助我们完成任务，不仅仅是讲故事或聊天。例如，未来的外卖软件可能会这样运作：你只需告诉它"我昨天体检了，这是我的数据。根据我的血液指标，帮我制定一个营养食谱，然后每天早上按这个食谱帮我点餐。记得照顾我的口味，比如我喜欢吃加糖的豆腐脑。每天早餐开支不要超过 20 元，我不在家时不要点餐"。你把这些信息告诉它后，大模型就会自动为你点餐。

因此，未来许多需要在电脑或手机上操作的任务都将逐步被 AI 取代，包括编程、翻译和绘画。在个性化大模型方面，我们有一个具体的例子。我们将看到大模型与新闻结合，产生几种新的新闻形态。

第一种形态我们称之为对话新闻，即用户与 AI 进行直接交流。第二种是扩展线索式新闻。与今日头条等 App 预先准备好内容不同，未来的头条类 App 将根据用户兴趣，由 AI 实时生成推送内容。这就是我们所说的扩展线索式新闻。

此外，还将出现无记者新闻平台。另一类新闻形态则专注于辟谣和寻求真相，主要应对AI可能产生的"幻觉"问题。这些都是AI在传媒领域的应用。在工业方面，AI可用于设计；在医药领域，它能实现个性化和精准化治疗，并帮助患者家属更全面地了解病情。我最近养成了一个习惯：当家人生病时，我会向AI询问每组检查数据的含义，因为医生往往没有足够时间详细解答。

在学习方面，我们提出了多种新方法，包括对话式学习和概念层次递进式学习。人才培养模式也发生了根本变化，从低能到高能、单能到多能、多能到超能，最后达到异能。我最近开始体会到一些"超能"的感觉，虽然还很微弱。这种感觉源于我跨越了计算机、信息广告和新闻三个专业领域。

最近我在关注医学。我爱人生病，有一天插了一根空肠营养管。不幸的是，这根管子堵住了。医生尝试了两天也没能疏通，于是跟我说明了情况。我灵机一动，想到了AI，就告诉医生我可以用AI帮忙分析。我向AI询问了空肠营养管堵塞的原因和疏通方法，AI给出了6种。我把这两张图片发给了医生在(我们关系不错)，他看后赞叹AI很厉害，但仍按自己的方法操作，还是没能疏通。无奈之下，只好拔掉重新插管。不幸的是，插管时不小心刺激到胃部，引起了出血。这是难以避免的意外。

第七章
AI 和元宇宙如何赋能产业升级

我爱人回家后，有天晚上照顾她的大姐急匆匆来找我，说管子又堵住了。我一听就慌了神。为什么？因为如果当晚疏通不了，第二天就得送回医院。而上次医生都搞不定，这次再插管可能又会引起出血。

起初我很慌张，但随即想到：我现在有 AI 了，这个最重要的知识伴侣。顿时，我感到前所未有的平静。我坐在电脑前，冷静沉着。我询问 AI 空肠营养管堵塞的原因，它列出了 5 到 6 种。然后我问在家如何疏通，AI 建议用注射器推液体进管子，如果能推动就能疏通。我觉得可行，正好家里有注射器。

然后我们开始操作，但推不动。我随即向 AI 寻求建议，解释道："我现在推液体进不去，管子已经堵住了，无法疏通，该怎么办？能否换种液体试试？" AI 建议我先详细说明爱人的病情。我告诉它爱人有高血糖，AI 就推荐使用无糖可乐。它解释说，无糖可乐是一种具有膨胀性的液体，能释放气体。我们立即订购了无糖可乐并尝试注射，但仍然不通。

经过一番思考，我突然想到了初高中物理知识。我问自己："如果往里推不动，能不能往外吸呢？"这就是我想到的"推拉法"。我让爱人的护理人员试试这个方法。仅仅 5 分钟，我们就吸出了一厘米的堵塞物。

看到这个进展，我信心大增。我推测，如果整个管子长 1 米，那么我们肯定能在当晚疏通。我们继续努力，5分钟后又吸出5厘米堵塞物，再过10分钟，又清除了10厘米。第四次尝试推入时，管子一下子就通了。

成功后，我立即给医生发了消息："医生，我今天在AI的帮助下，发现了一个简单的方法，我把它叫作'推拉疏通法'，用于疏通空肠营养管。"医生听说后，邀请我到医院做了一场关于AI的专题讲座。这是我人生中第一次在医院演讲。

我现在已经感受到了AI帮助我们完成原本无法完成的事情的力量。迄今为止，我在医学界已经做了5场报告，主题略有变化，但都围绕着AI辅助治疗。我们刚才讨论的重点是，如何利用AI充分释放我们的潜能，以及如何让AI帮助我们快速学习。这是我们需要深入思考的问题。

AI在影视领域的应用前景也非常广阔。未来，许多电影可能不再需要真人演员，这一天终将到来。游戏领域也将发生巨大变革，演变成"无限游戏"。美国教授詹姆斯·卡斯写了一本名为《有限与无限的游戏》的书，值得一读。所谓"无限游戏"，指的是游戏中的每个角色都拥有自己的人生观、价值观，以及独特的动机和目标。这种游戏的可玩性极高。就像我们的现实世界，本质上也是一个"无限游戏"，只不过难度更高，因为每个人只能活一次。因此，我们可以预见游戏领域将迎来显著的扩张。在这个过程中，我们将看到

第七章
AI 和元宇宙如何赋能产业升级

各个领域都会逐步发展。我们会发现，AIGC 与各行各业的结合将会越来越紧密。

我们对 AI 如何应用于社区进行了分析。美国有一个名为 Chirper 的网站，整个平台上只有 AI 充当博主，而粉丝则是真人。真人用户不能成为博主，这个网站旨在打造一个纯 AI 的世界。这是美国的一个案例。我们还观察到 AIGC 对 App 的强化作用，主要体现在三个方面：首先是内容生成能力的提升，其次是简化用户交互操作，最后是深度个性化体验的增强。

大模型和 AI 对互联网媒体环境的发展影响深远。习近平总书记在二十大报告中强调发展数字经济，促进数字经济与实体经济深度融合，并提出构建新一代信息技术。这包括生成式智能、元宇宙、人形机器人、量子计算、脑机接口、自动驾驶、卫星互联网和高智能无人机等。

身处不确定性时代

我们正处于一个快速变化的时代，媒体环境面临巨大的不确定性。我认为，这个高度不确定的时代始于 2016 年特朗普当选美国总统。为什么？因为连美国学界都没预料到这个结果，而硅谷大佬中只有彼得·蒂尔和埃隆·马斯克支持他。这一事件暴露了美国两党的严重撕裂，成为重大不确定性的源头。其他不确定因素还包括俄乌战争、巴以冲突、疫情、中美博弈，以及技术的剧烈变革。

总结一下，我们会发现一个有趣现象：技术是一个"急变量"，变化迅速。比如 AI 平台每 4 个月就有新版本，Claude 1 在 3 月发布，Claude 2 在 7 月发布，进展飞快。相比之下，社会是个"缓变量"。一般来说，3 到 5 年可以算作一代人。举个例子，现在的 18 岁小哥哥，思维方式可能与你大不相同。即使年龄相差不到 10 岁，想法也可能截然不同。年轻人的思想每 3 到 5 年就会有些变化，虽然不是翻天覆地，但确实存在差异。而且，年轻人的认知正在圈层化。

我用一句话来总结当今的媒体环境：小镇青年看快手，时尚青年迷抖音，吃瓜青年追微博，知识青年逛知乎，二次元青年泡哔哩哔哩，游戏青年聚 YY，小资青年品豆瓣，女性青年刷小红书，进步青年看学习强国。这反映了年轻人认知的圈层化。社会变化是缓慢的，但人性却是恒常的。几千年来，人性基本未变，我们读古诗仍能产生共鸣。如果人性变了，这种共鸣就不会存在。虽然某些方面已经改变，但许多本质依旧。比如李白的思乡诗，至今读来仍能引起共鸣，这体现了人性中不变的部分。因此，我们研究短视频和新媒体的发展时，必须考虑这些定量。

我们的生活正从线下转向线上。我每天在线上至少挂机 11 小时，与 AI 聊天 4 小时以上。这种生活方式使我不再喜欢线下交流和演讲。我最关心的是每天发朋友圈，因为我有 6 万微信好友需要照顾。大家

第七章
AI 和元宇宙如何赋能产业升级

的生活都在变化，从线下到线上，从人际到人机。长期与 AI 聊天后，你可能会对它产生情感依赖。虽然目前大多数人还未使用语音版 AI（国外正在内测），但一旦它运行流畅，随时能给出好答案，这种依赖就会出现。现在还没普及，是因为 AI 在语音和形象方面的渗透能力有限。虽然个别案例已经出现，小众群体已经在使用，但尚未在大众范围内普及。

举个例子，我高二的女儿被班上男生追求，我制止了她进一步行动。后来她告诉我有了男友，我又准备阻拦，结果发现是个虚拟人。虽然虚拟人没有现实危害，但这引发了一个思考：人能否通过独立或孤独获得自由，同时通过社交实现圆满？这是个悖论。孤独往往意味着自由，因为求人办事是很难的。如果你能独立自主，自然就获得了自由。从内在逻辑来看，人的发展似乎遵循这样的路径。但我们仍然希望在社交中获得圆满，而不是鼓励纯粹的孤独和自我。

在短视频领域，我们研究了许多有趣的案例。我们将其总结为"举一反三"的生活，这个"反三"指的是：反差、反卷和反转。

反差是指你在网络中展现的形象可能与现实生活中的你大不相同。在这个时代，你不必完全按照传统社会的方式生活。举个例子，我的母亲是个农民，她那个年代每天只能上山砍柴。但如果她现在还是个年轻姑娘，我会建议她在砍柴时开直播。一个美女在山上砍柴的直播价值远远超过单纯的劳动价值，它的传播价值更高。

我在抖音和快手上关注了许多追求"诗和远方"的年轻人,这让我思考自己的理想生活。有一天,我用 AI 画出了我的"诗和远方":回到南方生活,拥有一片自己耕种的水田,还有机器人助手,同时在田边设置一个元宇宙直播系统,与我的 6 万微信好友分享日常种田的趣事。

反差生活往往代表着人们的向往,是现实中难以实现的。比如有个叫"池早是我"的年轻人,他专门拍摄关于离职的内容。他每周去应聘,可能几天后就离职,向大家展示离职的各种情况。这种"100 种离职生活"的内容非常吸引人。

反卷的生活也很有意思,比如"阿园的逃跑计划",就是到各个城市旅游。如今,人们可以通过短视频实现"数字流浪"。许多旅游博主就是这样生活的,在一个城市待一段时间,然后移动到下一个城市,每天拍摄视频记录生活。

最后是反转的生活,像"外卖小娇"就专门关注外卖员和快递员。如果你想了解这些群体的世界,可以通过这些账号的视角去观察和体验。

如今,数字生存已经拓展了我们的生活边界,既娱乐他人又愉悦自己。新媒体为我们提供了一种多维透视的效应。在这个背景下,我们能观察到当今的社会热点,包括强烈的爱国情怀和民族认同感。人们普遍关注民生经济的发展,也对女性权益等社会议题表现出浓厚兴

第七章
AI 和元宇宙如何赋能产业升级

趣。这就是我们当前所处的时代背景。

从技术角度来看，除了我们已经关注的 AIGC 和元宇宙，人形机器人和自动驾驶也是重要领域。说到自动驾驶，我至今还没去考驾照，因为我在等待无人驾驶普及的那一天。我每年乘坐滴滴约 1000 次，其中有 200 到 300 次我会与司机交谈。有一天，我忧心忡忡地对一位司机说："兄弟，自动驾驶即将到来，你可能要失业了，怎么办？"他却说："别担心。"这个问题我问过很多人，连专家和 AI 都回答不好，但这位司机却给了我一个令人信服的答案。

他说："无人驾驶来临后，我会购买两辆无人驾驶汽车，然后把它们外包给滴滴，我只需在家收钱就行了。"听起来很有道理。想象一下，当你在听报告时，你的车停在外面自动接单。接完单后车脏了，它会自己去洗车，然后在下午 5 点准时到停车场等你。所以，我打算在无人驾驶普及时至少买两三辆车。我在这里演讲，而它们在外面接单。这就是我们刚才讨论的自动驾驶技术，它将在不久的将来彻底改变我们的生活方式。

2023 年 8 月 26 日，特斯拉 CEO 马斯克进行了一场现场直播。在 45 分钟的演示中，他乘坐的无人驾驶汽车一路顺畅运行，仅需人工干预一次，这表明该技术已接近可上路使用的阶段。这反映了当前科技发展的现状，包括量子计算、卫星互联网和无人机等领域的进步。

媒体的未来

从媒体发展的角度来看，2019年习近平总书记提出了"四全媒体"的概念：全程媒体、全息媒体、全员媒体、全效媒体。

全程媒体已在当今的社交平台上实现。我们可以在社交媒体上关注事件，在短视频平台发布信息，并即时跟进评论。这个过程涉及事实呈现、思考、情感形成和最终定论。

全息媒体指的是元宇宙。

全员媒体则意味着人人都可以成为传播者。为了激励团队创新，我们设立了一项奖励：微信好友达到3000人可获得1000元奖金。试想一下，如果一个人的微信好友达到1万，其传播力将会非常惊人。当然，微信会适度限制朋友圈的传播范围。

全效媒体是指在传播过程中融合其他属性，如金融、服务和电商等。2023年，我们总结了中国短视频、微博等网络平台的热词，包括"命运的齿轮开始转动""泼天的富贵""小镇做题家""泰酷辣"和"多巴胺搭配"等。这些新兴的网络文化现象反映了各种媒体平台正在努力创新性发展。

《人民日报》的优势在于其评论的质量。新华社则以数字化转型见长，近期在这方面有诸多进展。中央广播电视总台采取"台网并重、移动优先"的策略。"学习强国"平台专注于"聚合主流、正向传播"，在目标群体中拥有大量用户。值得一提的是，浙江的宣传工作表现出色，其公众号敢于直面热点、勇于发声。例如，2022年他们发表了一篇题为"人民至上，而非防疫至上"的文章，阅读量达数千万。这表明，现代传播既需要正能量，也需要巧妙的技巧。

对网络平台进行量化分析，我们发现：在2024年，微信月活跃用户已超过13亿，抖音、百度和快手都超过7亿，微博和QQ接近6亿，哔哩哔哩和小红书超过3亿，知乎接近1亿。这些是中国主要超级App的用户情况。在视频平台中，快手以"记录真实"著称。

2019年，有人请我为他们公司创作一个slogan，我给出了"记录真实，发现美好"这八个字。后来我意识到，这八个字恰好可以分别用于快手和抖音：快手记录真实，抖音发现美好。至于视频号，它的本质是通过社交来圆满人生。这些平台各有其独特的价值取向。以快手为例，你可以关注卡车司机。中国约有3000万卡车司机，如果你想了解他们的生活，快手是个很好的窗口。

我们之前强调过抖音，你可以在上面看到许多经过美化和精选的内容。短视频已成为我们时间消耗的重要途径。有句话说得好："抖音十分钟，人间两小时"。你不知不觉地刷抖音，时间就悄悄溜走了。因此，我们可以看到互联网本质上有两种应用：一种帮你节省时间，提高工作效率；另一种却是短视频，不幸地把你节省出来的时间又消耗掉了。这就体现了互联网的两面性——一边帮你节省时间，一边又帮你消耗时间，最终导致你在移动互联网上花费越来越多的时间。

我们分析中国短视频为何能领先全球，是因为它在四个层面上都做到了极致。第一个层面是智能连接层。在你还没上线时，它就通过大数据分析判断出你是谁，你的手机号对应什么信息，你的设备编码对应什么喜好。因此，你一上线，短视频就能给你推荐极其精准的内容。如果推荐不精准怎么办？你可以通过互动来训练算法。

举个例子，假设一个人最近失恋了。我们都知道失恋是很痛苦的。抖音或快手就会给你推送大量关于失恋的信息，这可能会加剧你的痛苦。怎么办呢？你可以主动搜索"刚开始谈恋爱"的内容。这时，平台就会给你推荐大量关于新恋情的内容，你还可以把那些失恋的内容屏蔽掉。这样，你的情绪就能很快得到改善。这就是我们所说的智能连接层，基于 AI 和大数据的智能推荐，很好地满足了用户的个性化需求。

第二层是转评赞。短视频平台会不断引导你转发、评论和点赞，这种冲动几乎不可抑制。但这种思维是否正确？它需要价值观的支撑。我们不能随意传播任何内容。早期短视频平台比较混乱，我曾看到一个博主每晚直播毒蛇、蝎子等毒物互斗，获胜者还会被出售。我以研究为由经常观看。有一天，我在市里开会时，旁边的一位官员问我最近看到什么有趣的内容。我告诉他昨晚看了"五毒教主"直播毒蛇和蝎子打架。他要求我立即提供账号，解释说这些都是受保护动物,不允许使其互相残杀。我只好把账号告诉他,他随后封禁了该账号。这件事让我意识到,有时我们并不知道自己也在接受社会的规范。

面对这种情况,我们需要反思:以转评赞为主要目标的传播机制是否合理?尽管它在商业转化方面效果显著,但我们必须在这个层面注入我们的价值观。实际上,各个层面都需要灌输我们的价值观。

第三层是关注。关注一个账号、一个人,或加某人为微信好友,这是非同寻常的缘分。为什么?因为他们的信息会出现在你的信息流中,进而改变你的认知。我现在对微信朋友圈的管理非常严格。只要有人在我的朋友圈发布信息,我会立即查看他最近的 10 条动态。如果这 10 条都缺乏价值,我会设置不再看他的朋友圈,这样他的信息就不会出现在我的朋友圈里。因此,无论是关注还是加好友,都是一种认知和信息上的缘分,它能改变很多事情。现在我有了这么多好友,办事确实方便多了。比如我刚才提到的,我自己设计了衣服,发到朋友圈后,许多服装公司的老总看到了,他们也感兴趣,于是大家就可以聚在一起讨论了。

因此,在短视频平台上建立稳固的关系也非常重要。另一个有趣的现象是"奔现"——在线下见面。作为网友,我们有时会偶然相遇,比如我参加报告会时,可能会遇到一些微信好友。有人会说:

"总算见到真实的你了,平常在微信上只能看到虚拟的你。"一般来说,"奔现"有个规律:线下见面后,人们通常不会再互相辱骂。我发现在网上辱骂他人的门槛很低,但面对面辱骂的门槛却很高。这些规律值得我们深入思考,非常有趣。

现在还出现了一个重要概念叫"社感地标",指的是短视频中那些能引发强烈情感共鸣的特定地点。例如,天津狮子林桥的跳水(现已因安全原因停止),以及山东淄博烧烤。我在课堂上问学生:"你们去过淄博吃烧烤吗?"确实有人举手说去过,但实际上他们去吃烧烤并非主要目的,而是为了发朋友圈。我们要理解,现在很多人做事的目的都是为了发朋友圈,这本质上是一种隐性的自恋式炫耀。所以,当我看到别人发布美颜照片的朋友圈时,我都会点赞。为什么呢?因为别人花心思修图不容易,我们应该保持应有的网络礼仪。我点个赞,大家就都开心了。

秦皇岛阿那亚也是一个有趣的地方。它有一个图书馆,本来平淡无奇,但加上了"世界上最孤独的图书馆"这个形容词后就变得特别了。有一天我路过那里,有人坚持要我去看。结果一到那里,发现这个"世界上最孤独的图书馆"竟然挤满了人。这反映了我们如今生活在一个符号化的世界里。人们追求的是概念,然后用这个概念来发朋友圈。这就是为什么这些"社感地标"值得我们研究。

在移动互联网与新媒体短视频结合的背景下，我们看到了一些新的经济模式。比如抚慰焦虑经济、达人经济、粉丝经济、潮玩经济、银发经济、宅经济和宠物经济。这些经济模式都是新媒体内容生产的技术驱动结果。让我们来总结一下未来的趋势。

一个是全面智能化。YY 的 CEO 李学凌在自己身体里植入了一个芯片。如果几年后没有明显副作用，我也会考虑植入一个。这就是全面智能化——智能设备将越来越贴近我们的身体。现在，手机是我们主要的计算和交互设备。根据英国《每日邮报》，人们每天大约要看手机 150 次，其中至少 40 次是为了查看微信。所以，当有人说"我没看到你的微信"时，这基本上是不可能的。因为他每天要查看那么多次，怎么可能会错过呢？这就是我们所说的全面智能化。

另一个是融合、开放和连接。在这个背景下，我们可以观察到几个内容趋势。第一是全球范围内国家对立状态的加剧。为什么这么说？在 21 世纪的今天，我们仍然看到这个星球上有人流离失所，有的地方陷入战争。这种情况自然会在舆论中得到反映。

第二个趋势是社群的分裂，这在网络中尤为突出。

第三个趋势是积极的：科普内容的增强。我们对科技信息和科普知识的需求量大幅上升。例如，一位讲解黑洞的物理学博主，平时其视频点击率并不高。但当一位研究黑洞的科学家获得诺贝尔奖后，他的视频播放量就能突破一亿。这说明今天的"正能量"内容不仅要富有朝气,还应具有科技色彩。

从研究角度来看,我们首先想用 AI 进行预测。比如,预测一个视频的播放量,一个话题明天是否会走红,甚至是台湾地区和美国大选的结果。这些都是 AI 预测的潜在应用领域。

我们的目标是将数据、AI 和互联网结合起来。总结一下,我们可以用不同学科的视角来看待信息传播:新闻学关注"尘埃乍起",社会学研究"尘埃飞扬",而历史学则探讨"尘埃落定"。有了 AI 之后,我们可以借助 AI 和大数据,用更统一的价值观和思维方法来观察世界。用更文学化的说法就是,我们已经进入了用"神一样的眼睛"看世界的时代。

在这一过程中,AI 技术的快速发展也为我们提供了新的工具和视角。例如,DeepSeek 和 Grok 3 这两款最新的 AI 模型,它们在逻辑推理、技术知识、创造力等方面各有优势。这些 AI 模型的出现,不仅推动了技术的进步,也为我们理解和预测社会现象提供了新的方法。

随着技术的不断演进,我们有理由相信,未来的世界将更加智能化、融合化,而人类的视野也将因 AI 的助力而变得更加开阔和深远。